T0197064

essentials liefern aktuelles Wissen in konzentrierter Form. Die Essenz dessen, worauf es als „State-of-the-Art" in der gegenwärtigen Fachdiskussion oder in der Praxis ankommt. *essentials* informieren schnell, unkompliziert und verständlich

- als Einführung in ein aktuelles Thema aus Ihrem Fachgebiet
- als Einstieg in ein für Sie noch unbekanntes Themenfeld
- als Einblick, um zum Thema mitreden zu können

Die Bücher in elektronischer und gedruckter Form bringen das Fachwissen von Springerautor*innen kompakt zur Darstellung. Sie sind besonders für die Nutzung als eBook auf Tablet-PCs, eBook-Readern und Smartphones geeignet. *essentials* sind Wissensbausteine aus den Wirtschafts-, Sozial- und Geisteswissenschaften, aus Technik und Naturwissenschaften sowie aus Medizin, Psychologie und Gesundheitsberufen. Von renommierten Autor*innen aller Springer-Verlagsmarken.

Christa Kolodej · Susanne Ertl

Mediation mit Stellvertretung und Gewaltfreie Kommunikation

Von den Möglichkeiten des Miteinander

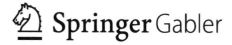 Springer Gabler

Christa Kolodej
Wien, Österreich

Susanne Ertl
Himberg, Österreich

ISSN 2197-6708 ISSN 2197-6716 (electronic)
essentials
ISBN 978-3-658-37833-2 ISBN 978-3-658-37834-9 (eBook)
https://doi.org/10.1007/978-3-658-37834-9

Die Deutsche Nationalbibliothek verzeichnet diese Publikation in der Deutschen Nationalbiblio-
grafie; detaillierte bibliografische Daten sind im Internet über http://dnb.d-nb.de abrufbar.

© Der/die Herausgeber bzw. der/die Autor(en), exklusiv lizenziert an Springer Fachmedien
Wiesbaden GmbH, ein Teil von Springer Nature 2022
Das Werk einschließlich aller seiner Teile ist urheberrechtlich geschützt. Jede Verwertung,
die nicht ausdrücklich vom Urheberrechtsgesetz zugelassen ist, bedarf der vorherigen Zustim-
mung des Verlags. Das gilt insbesondere für Vervielfältigungen, Bearbeitungen, Übersetzungen,
Mikroverfilmungen und die Einspeicherung und Verarbeitung in elektronischen Systemen.
Die Wiedergabe von allgemein beschreibenden Bezeichnungen, Marken, Unternehmensnamen
etc. in diesem Werk bedeutet nicht, dass diese frei durch jedermann benutzt werden dürfen. Die
Berechtigung zur Benutzung unterliegt, auch ohne gesonderten Hinweis hierzu, den Regeln des
Markenrechts. Die Rechte des jeweiligen Zeicheninhabers sind zu beachten.
Der Verlag, die Autoren und die Herausgeber gehen davon aus, dass die Angaben und Informationen
in diesem Werk zum Zeitpunkt der Veröffentlichung vollständig und korrekt sind. Weder der Verlag,
noch die Autoren oder die Herausgeber übernehmen, ausdrücklich oder implizit, Gewähr für den
Inhalt des Werkes, etwaige Fehler oder Äußerungen. Der Verlag bleibt im Hinblick auf geografi-
sche Zuordnungen und Gebietsbezeichnungen in veröffentlichten Karten und Institutionsadressen
neutral.

Planung/Lektorat: Stefanie Winter
Springer Gabler ist ein Imprint der eingetragenen Gesellschaft Springer Fachmedien Wiesbaden
GmbH und ist ein Teil von Springer Nature.
Die Anschrift der Gesellschaft ist: Abraham-Lincoln-Str. 46, 65189 Wiesbaden, Germany

Was Sie in diesem *essential* finden können

- Was ist Mediation mit Stellvertretung?
- Wie kann ich mediieren, wenn nur eine Partei anwesend ist?
- Welche Phasen der Mediation mit Stellvertretung gibt es?
- Welche Themen können mit der Mediation mit Stellvertretung bearbeitet werden?
- Welchen Nutzen hat die Mediation mit Stellvertretung?
- Wann ist es sinnvoll, die Mediation mit Stellvertretung anzuwenden?
- Wie kann ich Mediation mit Stellvertretung in der Online Beratung durchführen?
- Was ist die Gewaltfreie Kommunikation?
- Was sind die entscheidenden Elemente der Gewaltfreien Kommunikation?
- Was ist der Unterschied zwischen Beobachtungen und Bewertungen?
- Welche Bedürfnisse können hinter Gefühlen stehen?
- Wie wird die Gewaltfreie Kommunikation in der Mediation mit Stellvertretung eingesetzt?
- Wie kann ich die Mediation mit Stellvertretung in der Beratung und im Training umsetzen?
- Wie kann ich die Gewaltfreie Kommunikation für mich selbst einsetzen?
- Wie kann ich die Gewaltfreie Kommunikation für andere verwenden?

Violence is a tragic expression of unmet needs.
Marshall Rosenberg

Einleitung

Die Mediation mit Stellvertretung kann Einzelpersonen bzw. eine Partei, die aus mehreren Personen besteht, bei der Klärung und Lösung von Konflikten effektiv unterstützen. Oft wünschen sich Konfliktbeteiligte eine direkte gemeinsame Konfliktregelung, aber das ist nicht immer möglich, weil z. B. wesentliche Beteiligte dies ablehnen, nicht mehr verfügbar sind oder eine Streitschlichtung mit so viel Angst besetzt ist, dass der direkte Austausch unmöglich erscheint. Die Methode stellt auch einen hervorragenden Zugang dar, um sich auf die unterschiedlichsten Situationen, wie z. B. entscheidende Verhandlungen, Vorstellungsgespräche oder nachfolgende Mediationen vorzubereiten. Die Mediation mit Stellvertretung ermöglicht es, im geschützten Rahmen der Gewaltfreien Kommunikation einzelne Themen anzusprechen, sie gibt schnell und effektiv Auskunft über zugrunde liegende Bedürfnisse der Parteien oder bewirkt die Simulation von Gesprächen. Die Methode bietet die Gelegenheit, Ungesagtes zu benennen, sich zu entschuldigen oder aber auch jene Grenzen zu ziehen, die gezogen werden müssen. Mit sanfter Klarheit wird ein Raum für neue Lösungen möglich.

Methodisch findet eine Kombination der klassischen Phasen der Mediation basierend auf dem Harvard Konzept, der Gewaltfreien Kommunikation und dem Phänomen der repräsentierenden Wahrnehmung statt. Dies erfolgte, indem eine*r der beiden Mediator*innen die fehlende Konfliktpartei repräsentiert. Es gibt auch Versionen, bei denen die Mediation mit Stellvertretung in Form eines Rollenspiels durchgeführt wird. Natürlich stellt sich die Frage, was diese Vorgangsweise von einer klassischen Coaching-Methode unterscheidet? Der Unterschied besteht schlichtweg in der Repräsentanz der abwesenden Partei und dem gefühlten Miteinander. Und dennoch zählen die Autorinnen des vorliegenden Buches die Mediation mit Stellvertretung zum Formenkreis des Coachings, der Supervision und der Konfliktberatung.

Im ersten Abschnitt unseres Buches wird das Konzept der Mediation mit Stellvertretung mit den jeweiligen Phasen erläutert. Da die Methode der Gewaltfreien Kommunikation hierfür wesentlich ist, veranschaulichen wir diese in einem nächsten Abschnitt. Angereichert durch Gesprächspassagen aus einem Interview mit Marshall Rosenberg entsteht so ein nachhaltiges Bild der Methode. Danach zeigen wir die Umsetzung der Gewaltfreien Kommunikation im Beratungsprozess anhand von Praxisbeispielen. Dabei fokussieren wir uns auf jene Anwendungsgebiete, die im Sinne der Mediation mit Stellvertretung besonders relevant sind. Den Abschluss des *essentials* bilden anonymisierte Fall-Vignetten aus unserer Praxis. Konkret geht es uns darum, dass die Lesenden die kontextuelle Einbindung der Methode nachvollziehen können und ein Gefühl für diese Methode entwickeln. Für jene, die entweder die Gewaltfreie Kommunikation oder die Mediation mit Stellvertretung selbst anwenden möchten, haben wir zudem Übungsanleitungen im gesamten Buch hinzugefügt.

Wir wünschen Ihnen viel Vergnügen beim Lesen.

Christa Kolodej
Susanne Ertl

Inhaltsverzeichnis

Über die Autorinnen

Prof. Dr. Dr. Christa Kolodej, MA hat Psychologie und Soziologie studiert und ist u. a. eingetragene Mediatorin (ZivMediatG), Systemische Beraterin und Therapeutin (SySt). Christa Kolodej ist Professorin und lehrt u. a. an der Karl-Franzens-Universität Graz, Psychologisches Institut. Sie ist Pionierin der österreichischen Mobbingforschung und leitet seit mehr als zwei Jahrzehnten das Zentrum für Konflikt- und Mobbingberatung in Wien. Sie hat zahlreiche Fachbücher zum Thema veröffentlicht.
www.kolodej.at; office@kolodej.at

Mag. Susanne Ertl hat Betriebswirtschaft studiert und ist u. a. eingetragene Mediatorin (ZivMediatG), Klärungshelferin IfK®, Systemischer Coach und PCM® Coach. Sie verfügt über 20 Jahre Konzernerfahrung, davon 10 Jahre Führungserfahrung im mittleren Management. Seit 2008 ist sie als Systemischer Coach mit Schwerpunkt „Konfliktklärung, Perspektive und Prävention" tätig und seit 2013 als Mediatorin im wirtschaftlichen Kontext.
www.ertl-consulting.at; office@ertl-consulting.at

Mediation mit Stellvertretung 1

Die Mediation mit Stellvertretung bietet die Möglichkeit, Menschen zu unterstützen, deren Konfliktparteien für eine direkte gemeinsame Konfliktregelung nicht zur Verfügung stehen (können). Es ist ein exzellentes Werkzeug, um jene Partei zu begleiten, die Beratung wünscht. Die Methode wurde von Christoph Hatlapa und Katharina Sander entwickelt (vgl. Sander & Hatlapa, 2006). „In Konfliktsituationen ist es oftmals so, dass eine Partei gerne eine Mediation machen würde, sich jedoch die andere Partei dagegen verwehrt. In diesem Fall kann dann keine Mediation durchgeführt werden, da eine Prämisse der Mediation die Freiwilligkeit ist und die Beteiligten jederzeit für sich beschließen können, diese abzulehnen. Oftmals bleibt so eine Person zurück, die gerne an der Situation mit der anderen Partei gearbeitet hätte." (Kolodej, 2019, S. 189). Da die Mediation mit Stellvertretung nicht mit der wirklichen Partei arbeitet, sondern diese im Prozess repräsentiert wird, zählen die Autorinnen des vorliegenden *essentials* die Methode zum Formenkreis des Coachings, der Supervision und der Konfliktberatung.

1.1 Die Phasen der Mediation mit Stellvertretung

Bei der Mediation mit Stellvertretung erfolgt zuerst eine klassische Auftragsklärung. Hier werden die Rahmenbedingungen der Mediation mit Stellvertretung festgelegt (Mediationsvereinbarung, Ablauf, Regeln, Vertraulichkeit, Eigenverantwortlichkeit, Ort und Kosten). Zudem gibt es in dieser Phase eine kurze Darstellung der Situation sowie eine Zielformulierung durch die Kund*innen. Es sei an dieser Stelle erläutert, dass die Methode nicht nur bei Konflikten effizient ist, sondern auch für jegliche andere Aushandlungsprozesse und Gespräche,

© Der/die Autor(en), exklusiv lizenziert an Springer Fachmedien Wiesbaden GmbH, ein Teil von Springer Nature 2022
C. Kolodej und S. Ertl, *Mediation mit Stellvertretung und Gewaltfreie Kommunikation*, essentials, https://doi.org/10.1007/978-3-658-37834-9_1

Klient*in

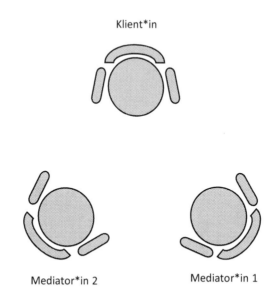

Mediator*in 2   Mediator*in 1

Abb. 1.1 Sitzanordnung am Anfang der Mediation mit Stellvertretung. (Eigene Darstellung)

sei es zur Vorbereitung von Verhandlungen, Kooperationsgesprächen, Projekt-Präsentationen oder anderen wichtigen beruflichen Themen verwendet werden kann. Die Methode kann aber auch gut für Familienanliegen eingesetzt werden. Besonders wesentlich ist die Mediation mit Stellvertretung bei all jenen Themen, die nicht mehr mit der Person selbst verhandelt bzw. besprochen werden können.

Neben der Klärung des Themas besteht der wichtigste Teil darin, zu erläutern, dass ein*e Mediator*in sich zeitweise in die Rolle der abwesenden Konfliktpartei begibt (siehe Abb. 1.1). Dies ist entscheidend, da der Rollentausch einen wichtigen Erkenntnisgewinn im Verfahren darstellt. Der Rollenwechsel von einer beratenden Person zur repräsentierenden Partei muss gut kommentiert sein, da er in klassischen Beratungssettings nicht üblich ist. Ist dies geschehen, kommt es zu einem Wechsel eines/einer der beiden Mediator*innen in die Rolle der abwesenden Partei. Dieser Prozess wird auch physisch vollzogen, indem ein*e Mediator*in den Sitzplatz wechselt und sich gegenüber der Konfliktpartei setzt (siehe Abb. 1.2).

Sobald die Position gewechselt wurde und die abwesende Partei durch den/die Mediator*in repräsentiert wird, nimmt der/die moderierende Mediator*in eine

Mediator*in 2 als
Stellvertretung   Klient*in

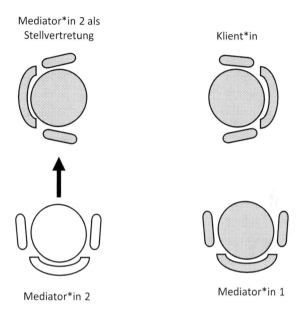

Mediator*in 2   Mediator*in 1

Abb. 1.2 Mediator*in 2 begibt sich in die Repräsentanz und wechselt den Stuhl. (Eigene Darstellung)

allparteiliche Position mit gleichem Abstand zu beiden (allen) Parteien ein (siehe Abb. 1.3).

In der ersten Phase der Repräsentation geht es darum, „die Gefühle und Bedürfnisse der anwesenden Partei wahrzunehmen und auf diese einzugehen" (Sander & Hatlapa, 2006, S. 2). Wenn die abwesende Partei durch eine*n der beiden Mediator*innen repräsentiert ist, wird die anwesende Partei gebeten, den Konflikt bzw. das Thema aus ihrer Sicht zu schildern. Die Aufgabe der stellvertretenden Partei ist es, so lange Einfühlung mittels der Gewaltfreien Kommunikation zu geben, bis sich die anwesende Konfliktpartei verstanden fühlt und entspannt. Sie fasst mit ihren Worten zusammen, was sie von der Sichtweise und der Wahrnehmung, von den Gefühlen und den Bedürfnissen sowie den Wünschen der anwesenden Partei verstanden hat (Stoldt, 2009).

Für das Gegenüber kann dies natürlich eine völlig neue Erfahrung sein. Speziell wenn es sich um eine konfliktreiche Situation handelt, ist es für die anwesende Konfliktpartei in der Regel neu, in dieser Weise gehört zu werden. Der/die Repräsentant*in wird sich neben der Anwendung der Gewaltfreien Kommunikation

Mediator*in 2 als
Stellvertretung   Klient*in

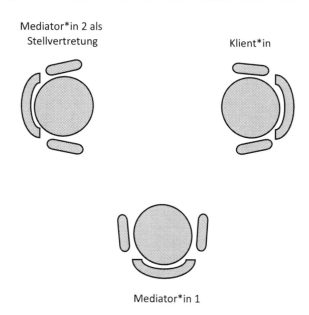

Mediator*in 1

Abb. 1.3 Beginn der Konflikterhellungsphase, Mediator*in 1 positioniert sich allparteilich.
(Eigene Darstellung)

auch klassischer Mittel der Kommunikation wie z. B. des kontrollierten Dialogs,
des Aktiven Zuhörens und Fragetechniken bedienen. Die Gewaltfreie Kommunikation nimmt jedoch eine zentrale Stellung ein, denn die abwesende Partei wird
durch die Art und Weise der Gesprächsführung sozusagen „in ihrer idealsten
Form" repräsentiert. Methodisch bedeutet dies, dass der Prozess, der in der klassischen Mediation als zentral angesehen werden kann, aus Positionen Interessen
zu filtern, bei der Mediation mit Stellvertretung durch die Art der Kommunikation
hergestellt wird (vgl. Kolodej & Ertl, 2019).

Generell sei erwähnt, dass in der Version, die wir hier vorstellen, jener Mediator bzw. jene Mediatorin, der/die in die Rolle der abwesenden Partei schlüpft, sich
der repräsentierenden Wahrnehmung bedient, also nicht im gewöhnlichen Sinne
eine Rolle einnimmt. Der Begriff der repräsentierenden Wahrnehmung wurde in
der Systemischen Strukturaufstellungsarbeit von Matthias Varga von Kibéd und
Insa Sparrer für das Phänomen der „Fremdgefühle" (von unbekannten Personen) erstmals verwendet (vgl. Sparrer & Varga von Kibéd, 2009). „Wir sprechen
hier von repräsentierender Wahrnehmung, da die körperlichen Empfindungen der
konstellierten Personen sich nicht auf eigene Empfindungen beziehen, sondern

auf solche, die zum abgebildeten System passen" (Sparrer, 2014, S. 76). Der Zugang zur repräsentierenden Wahrnehmung erfolgt hier über die Wahrnehmung von Unterschieden in den Körperempfindungen. Wesentlich ist, jede Form von Interpretationen und Deutungen zu vermeiden. Der Unterschied zur Anwendung der repräsentierenden Wahrnehmung bei den Systemischen Strukturaufstellungen liegt bei der Mediation mit Stellvertretung darin, dass jegliche Artikulation unter Anwendung der Gewaltfreien Kommunikation erfolgt (vgl. Kolodej, 2019).

Ab dem Zeitpunkt, zu dem sich die anwesende Konfliktpartei verstanden fühlt, erfolgt die Frage, ob die anwesende Partei nun die Darstellung der stellvertretenden Konfliktpartei hören möchte. „Sind Sie bereit, von mir zu hören, wie es mir mit dem geht, was Sie zu mir gesagt haben?" Ist die Bereitschaft zum Zuhören vorhanden, fühlt sich die stellvertretende Partei mittels der repräsentierenden Wahrnehmung in die aktuelle Situation ein. Auch kann sie auf Wunsch der anwesenden Partei über vergangene Situationen sprechen. Nun berichtet die stellvertretende Partei, wie es ihr momentan geht. Die sprachliche Artikulation ist hier ein Teil der repräsentierenden Wahrnehmung. Die repräsentierende Partei spricht sodann über ihre Bedürfnisse und Gefühle bezüglich der von der anwesenden Konfliktpartei angesprochenen Situationen. Die repräsentierende Partei fragt auch nach, wie es der anwesenden Partei mit dem Gesagten geht. „Durch die spezielle Vorgangsweise, dass die repräsentierende Partei nicht dem Feindbild entspricht, jedoch sowohl eigene als auch fremde Bedürfnisse artikuliert, kann die anwesende Partei wahrnehmen, was sie und die abwesende Partei braucht, um konstruktive Wege gehen zu können. Das ist das eigentliche Ziel der Phase der Konflikterhellung. Ist dies gelungen, kann die repräsentierende Partei wieder ausschließlich die Mediator*innenrolle einnehmen" (vgl. Kolodej, 2019, S. 193).

Die Aufgabe des zweiten moderierenden Mediators bzw. der zweiten moderierenden Mediatorin besteht in der Phase der Konflikterhellung darin, darauf zu achten, dass die Konfliktpartei und die Stellvertreterperson in direkten Kontakt kommen und bleiben und dass der Ablauf gut kommuniziert ist und eingehalten wird. In dieser Phase ist es besonders wichtig, den Parteien Zeit zu lassen. Es ist aber auch wesentlich, den Prozess zu einem angemessenen Zeitpunkt in die nächste Phase überzuführen. Ist die Phase der Konflikterhellung abgeschlossen, geht die repräsentierende Partei aus der Repräsentanz und begibt sich auch physisch wieder zurück an den ursprünglichen Sitzplatz (siehe Abb. 1.4). Erfahrungsgemäß kann zu diesem Zeitpunkt eine Pause bzw. der sequenzierte Ablauf der Mediation mit Stellvertretung hilfreich sein, indem der Prozess angehalten und nach einer Reflexion in einer nächsten Sitzung weitergeführt wird. Der/Die Klient*in bekommt so die Möglichkeit, die erlebten Erfahrungen angemessen zu integrieren.

Nun erfolgt ein Brainstorming, bei dem durchaus auch die Erfahrungen aus der repräsentierenden Rolle einfließen können. Die Gesprächsleitung obliegt dem

Klient*in

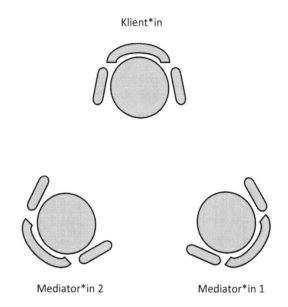

Mediator*in 2   Mediator*in 1

Abb. 1.4 Sitzanordnung ab der Phase des Brainstormings. (Eigene Darstellung)

bisher moderierenden Mediator bzw. der bisher moderierenden Mediatorin. Am Ende dieses Prozesses kann eine Vereinbarung der Konfliktpartei stehen, wie sie zukünftig mit dem Konflikt umgehen will. Unsere Erfahrung mit der Methode hat gezeigt, dass gerade bei Einstellungs- und Haltungsthemen, aber auch bei Entscheidungssituationen nachhaltige Lösungen oftmals Zeit brauchen oder konkrete Vereinbarungen nicht angemessen erscheinen. Daher haben wir themenspezifisch von dieser Empfehlung der Autor*innen Sander und Hatlapa (2006) Abstand genommen (vgl. Kolodej & Ertl, 2019).

Eine Mediation mit Stellvertretung kann zumeist in ein bis drei Sitzungen abgehalten werden. Üblicherweise wird die erste Sitzung bis zur Phase der Konflikterhellung durchgeführt und in der zweiten Sitzung werden Lösungsideen generiert sowie deren Umsetzung besprochen. Es sei an dieser Stelle angemerkt, dass die Mediation mit Stellvertretung auch online durchgeführt werden kann. Hier ist besonders auf diverse technische Einstellungen in der Phase der Konflikterhellung zu achten. Der unmittelbare persönliche Austausch erfolgt am leichtesten, wenn der/die Mediator*in, der/die sich in der Moderationsrolle befindet, ausgeblendet wird und sowohl die stellvertretende Partei als auch der/die Klient*in in der „Sprecher*innenansicht" kommunizieren. Als drittes Treffen (welches natürlich auch online durchgeführt werden kann) erfolgt ein unterschiedsbasiertes Bilanzgespräch in einem angemessenen Zeitabstand. „Für gewöhnlich verlässt die anwesende Konfliktpartei die Mediationssitzung mit großer Erleichterung, weil sie Klarheit über ihre eigenen Bedürfnisse bekommen hat, weil sie die Beweggründe der abwesenden Partei versteht und nun Bereitschaft spürt, mit diesem neuen, vertieften Verständnis auf die Konfliktpartei zuzugehen. Es kann sehr gut sein, dass es anschließend noch zu einer Mediation mit der abwesenden Partei kommt." (Sander & Hatlapa, 2006, S. 3)

Phasen der Mediation mit Stellvertretung

- Auftragsklärung, (kurze) Darstellung der Situation
- Konflikterhellung
  - *Der/Die Mediator*in 1 moderiert den Prozess, der/die Mediator*in 2 nimmt die Rolle der stellvertretenden Konfliktpartei ein.*
  - Die anwesende Konfliktpartei stellt ihre Sicht des Konflikts dar. Der/Die Stellvertreter*in hört zu.
  - Der/Die Stellvertreter*in kommentiert das Gesagte im Sinne der Gewaltfreien Kommunikation, bis sich die anwesende Partei verstanden fühlt.
  - Der/Die Stellvertreter*in übermittelt die eigene Sicht zu dem Gesagten sowie zur Entstehungsgeschichte des Konflikts mittels der Gewaltfreien Kommunikation.
  - Der/Die Stellvertreter*in vergewissert sich, wie es der Konfliktpartei mit dem Gesagten geht.
  - *Der/Die Mediator*in 2 verlässt die stellvertretende Rolle.*
  - *Reflexion des Erlebten*
- Lösungen finden
- Vereinbarungen mit sich selbst schließen
- Bilanzgespräch

Quelle: Kolodej (2019)

Übung 1: Repräsentierende Wahrnehmung

Wählen Sie ein Thema, bei dem eine Person A mit einer nicht anwesenden Person B etwas klären bzw. besprechen möchte.

Stellen Sie zwei Stühle mit einem Abstand von ca. einem Meter und einem Winkel von ca. 140 Grad mit Blickrichtung zueinander auf (Abb. 1.5).

Person A   Person B

Abb. 1.5 Sitzpositionen für die anwesende Person A und die abwesende Person B. (Eigene Darstellung)

Bitten Sie die Person A, ihren Platz einzunehmen, und definieren Sie die andere Position als Person B.
Erkunden Sie die Befindlichkeit, Wahrnehmung, Gedanken von Person A zu sich selbst und zur Person B. Fragen Sie Person A, was sie der Person B mitteilen möchte. Geben Sie der Person A die Möglichkeit, die Botschaft an B zu richten.
Reflektieren Sie das Erfahrene mit der Person A auf einem neutralen Platz.
Laden Sie nun die Person A ein, die Position von B einzunehmen. Erkunden Sie die Befindlichkeit, Wahrnehmung und Gedanken an dieser Stelle. Wiederholen Sie das von A Gesagte, sodass er/sie es nun in der Position von B hören kann. Was löst das bei B aus?
Reflektieren Sie das Erfahrene auf einem neutralen Platz.
Schließen Sie die Übung mit einer unterschiedsbasierten Frage auf der eigenen Position von A ab. („Was für einen Unterschied macht es nun, wieder auf Ihrer eigenen Position zu sein?")

Quelle: Matthias Varga von Kibéd (2022)

Die Gewaltfreie Kommunikation

2

Die Gewaltfreie Kommunikation (GFK) ist ein Modell, welches sich aus der Artikulation einer konkreten Beobachtung, den damit verbundenen Gefühlen und Bedürfnissen und einer sich daraus ergebenden Bitte zusammensetzt. Das Modell ermöglicht eine klare und differenzierte Kommunikation zwischen den Beteiligten. Dies erhöht die Wahrscheinlichkeit des konstruktiven Austausches von schwierigen Themen maßgeblich. Zentrale Elemente sind der Ausdruck von Gefühlen und die Kopplung dieser Gefühle an dahinterliegende Bedürfnisse. Marshall Rosenberg entwickelte das Kommunikationsmodell, dessen Grundlage das Humanistische Modell der Gesprächsführung nach Karl Rogers ist (vgl. Rosenberg, 2016). Die grundlegende Annahme der Humanistischen Psychologie ist, dass es sich bei destruktivem Verhalten um einen misslungenen Ausdruck eines eigentlich positiv gemeinten Impulses handelt. Ziel des Modells ist es, die Kommunikation im Allgemeinen sowie bei Konfliktsituationen friedlich, freud- und vertrauensvoll zu gestalten. Anwendung findet die so gestaltete Kommunikation sowohl im privaten als auch im beruflichen Leben.

Die 4 Schritte der Gewaltfreien Kommunikation

- Beobachtungen benennen
- Gefühle wahrnehmen und benennen
- Bedürfnisse wahrnehmen und benennen
- Auf Basis der Bedürfnisse klare und erfüllbare Bitten oder Wünsche äußern

Quelle: Rosenberg (2016)

© Der/die Autor(en), exklusiv lizenziert an Springer Fachmedien Wiesbaden GmbH, ein Teil von Springer Nature 2022
C. Kolodej und S. Ertl, *Mediation mit Stellvertretung und Gewaltfreie Kommunikation*, essentials, https://doi.org/10.1007/978-3-658-37834-9_2

Das Modell der Gewaltfreien Kommunikation kann sowohl als Technik als
auch als grundlegende Lebenshaltung angesehen werden. Wird die Gewaltfreie
Kommunikation im organisationalen Kontext gelehrt und praktiziert, ist es zudem
von besonderer Bedeutung, dass Strukturen so gestaltet werden, dass Konflikte
konstruktiv gelöst werden können. Die Gewaltfreie Kommunikation dient nach
Marshall Rosenberg dann zur Transformation von Organisationen über ihre Prot-
agonist*innen. „Einzelne Menschen kontrollieren die großen Institutionen. Wir
müssen zu ihnen kommen und mit ihnen Konfliktlösungen finden. Wenn wir über
Organisationen reden, geht es im Grunde genommen um Menschen, die Konflikte lösen müssen. Wenn Sie Strukturen verändern wollen, müssen Sie mit den
Menschen anfangen. Menschen schaffen Strukturen und sie erhalten sie auch."
(Rosenberg, 2002, S. 17)

Das Modell ermöglicht einerseits auszudrücken, was die Person selbst bewegt
und was sie möchte (Selbstbehauptung) und andererseits empathisch zuzuhören,
wie es der anderen Person geht und was diese sich wünscht (Einfühlung). Empathie für sich und für das Gegenüber ist zentrales Element im GFK-Modell. Eine
Grundannahme des Modells ist, dass die Art und Weise der Kommunikation für
die Entwicklung von Empathie entscheidend ist (vgl. Kolodej, 2008, 2019).

Das Kommunikationsmodell der Gewaltfreien Kommunikation umfasst vier
aufeinanderfolgende Schritte. In einem ersten Schritt wird die konkrete **Beobachtung,** die zu einem (konflikthaften) Geschehen geführt hat, ohne Interpretation
oder Bewertung beschrieben *(„Wenn ich sehe, höre …").* Entscheidend ist hierbei, dass die Beobachtung und Beschreibung von konkretem Verhalten wertfrei
artikuliert wird. Es ist von besonderer Bedeutung, Bewertungen, Verurteilungen,
Generalisierungen oder Interpretationen über das beobachtete Verhalten zu vermeiden. Diese werden vom Gegenüber meist als Kritik aufgefasst und können
zu einer abwehrenden Grundhaltung führen. Der Effekt dieser Aussagen ist dann
zumeist ein Gegenangriff oder ein Rückzug. Eine konstruktive Kommunikation
wird so erschwert. Eine Vermischung zwischen einer Beobachtung und einer
Bewertung stellt z. B. folgende Aussage dar: „Nie sendest du mir die vereinbarten
Dokumente rechtzeitig. Du bist unzuverlässig." Hingegen wird im nachfolgenden
Satz nur eine Beobachtung dargestellt: „Wir haben vereinbart, dass du mir den
Projektbericht bis zum 2.7. sendest. Ich habe ihn nicht bekommen. Hast du ihn
mir geschickt?"

Übung 2: Beobachtung oder Bewertung?

Handelt es sich bei den folgenden Aussagen um eine Beobachtung oder um eine Bewertung?

1. Heute überquerte eine grauhaarige Dame vor meinem Auto die Straße.
2. Mein Chef war gestern den ganzen Tag grundlos verärgert.
3. Dein Terminkalender ist komplett voll. Du hast keinen Tag in der Woche mehr frei.
4. Mein Nachbar erzählte mir am Sonntag, dass ihm unser grüner Gartenzaun nicht gefällt.
5. Dein schrilles Outfit erheitert mich.
6. Du reagierst auf Kund*innenanfragen innerhalb eines Tages.
7. Ich stehe seit 30 Minuten vor deiner Tür und warte auf dich.
8. Endlich ist die Küche aufgeräumt.
9. Das ist aber eine niedrige Prämie. Ich habe mehr Geld erwartet.

Auflösung siehe Kap. 6.

Quelle: Kolodej & Ertl (2022)

Die mit der Beobachtung unmittelbar einhergehenden **Gefühle** werden im zweiten Schritt artikuliert *(„… fühle ich mich …")*. Marshall Rosenberg empfiehlt, Gefühle nicht zu unterdrücken, da diese eine mitfühlende Wirkung auf die andere Partei haben können, wenn sie an nachfolgende Bedürfnisse gekoppelt werden. Wichtig ist allerdings, Gefühle von Meinungen und Interpretationen zu trennen. Die Aussage „Es verwundert mich, dass du mir die Projektarbeit nicht geschickt hast." stellt keine Information über ein Gefühl dar. Während der Satz „Als ich die Projektarbeit nicht rechtzeitig bekam, war ich völlig gestresst und verärgert." ein Gefühl artikuliert.

Übung 3: Gefühle oder Interpretation?

Bei welchen der folgenden Aussagen werden Gefühle ausgedrückt und bei welchen Formulierungen geht es um Gedanken, Interpretationen oder Schuldzuweisungen? Welche Umformulierung ist denkbar, damit „echte" Gefühle angesprochen werden?

1. Ich habe das Gefühl, dass du mich nicht magst.
2. Ich bin sehr verärgert.
3. Deine Rede war wunderschön.
4. Ich fühle mich extrem kritisiert, wenn du das sagst
5. Ich fühle mich von deinem Auftrag überrollt.
6. Ich freue mich über diesen positiven Bescheid.

Auflösung siehe Kap. 6.

Quelle: Kolodej & Ertl (2022)

Hinter einem Gefühl verbirgt sich ein tiefliegendes **Bedürfnis,** das oftmals nicht bewusst wahrgenommen wird. Dies gilt sowohl für angenehme als auch für unangenehme Gefühle. Werden die Bedürfnisse, speziell bei schwierigen Gesprächen, benannt, können die Konfliktparteien leichter konstruktiv kommunizieren. Meist fällt es gar nicht auf, dass eine Anklage oder Schuldzuweisung ein unerfülltes Bedürfnis impliziert. „Du bist schuld, dass ich den Jahresbericht nicht rechtzeitig bei meinem Chef abgeben kann!" Wenn Menschen hingegen Gefühle als Ausdruck nicht erfüllter Bedürfnisse verstehen, ist es leichter, die Verantwortung für diese zu übernehmen. Werden subjektiv wahrgenommene Gefühle artikuliert und an dahinterliegende Bedürfnisse gekoppelt, sind diese zudem leichter für das Gegenüber nachvollziehbar und umsetzbar (*„..., weil ich ... brauche, möchte, mir wichtig ist, mir am Herzen liegt ... "*). „Mir ist es wichtig, dass du die Projektarbeit zum vereinbarten Zeitpunkt übermittelst, weil ich gegenüber meinem Chef verlässlich sein möchte und den Jahresbericht rechtzeitig fertigstellen will. Deshalb möchte ich mich auf dich verlassen können."

Übung 4: Gefühle und Bedürfnisse in Botschaften erkennen

Welche Bedürfnisse können hinter diesen Gefühlswörtern stehen?

Du hast mich ...	Mögliche Gefühle	Mögliche Bedürfnisse
Verlassen	Verletzt, einsam, traurig	Kontakt, Zugehörigkeit, Geborgenheit, Unterstützung
Nicht akzeptiert	Einsam, ängstlich	Verbindung, Zugehörigkeit, Gemeinschaft, Wertschätzung
Angegriffen	Ängstlich, wütend	Sicherheit, Schutz
Betrogen	Verletzt, enttäuscht, verbittert	Vertrauen, Klarheit, Aufrichtigkeit, Verlässlichkeit
Gezwungen	Ärgerlich, frustriert, empört	Autonomie, Freiheit, Wahlfreiheit
Kritisiert	Mutlos, wütend	Verständnis, Anerkennung
Nicht gemocht	Einsam, traurig, verletzt	Kontakt, Freundschaft, Nähe, Zugehörigkeit
Ignoriert	Einsam, traurig, verletzt	Kontakt, Verbindung, Zugehörigkeit
Unterbrochen	Ärgerlich, verletzt, frustriert	Respekt, Rücksichtnahme, Wertschätzung, Bestätigung
Eingeschüchtert	Mutlos, erschrocken, ängstlich	Sicherheit, Kraft, Stärke, Selbstbewusstsein, Autonomie
Klein gemacht	Wütend, frustriert, unglücklich	Respekt, Autonomie, Wertschätzung
Schikaniert	Erschrocken, ärgerlich, wütend	Respekt, Friede, Sicherheit, Autonomie, Rücksichtnahme

Quelle: Rüther (2015)

Marshall Rosenberg geht davon aus, dass alle Menschen gleiche bzw. sehr ähnliche Grundbedürfnisse haben. Wenn nun auf Basis von Bedürfnissen kommuniziert wird, fällt es Menschen leichter, Feindbilder und Stereotype hinter sich zu lassen.

Übung 5: Bedürfnisse erkennen

Wird bei den folgenden Aussagen ein Bedürfnis mitgeteilt? Wenn nicht, wie könnte die Aussage umformuliert werden, um ein mögliches Bedürfnis anzusprechen?

1. Wir müssen mit dem Meeting pünktlich beginnen!
2. Mir ist Klarheit wichtig, könntest du mir deine Urlaubsplanung mitteilen?
3. Das geht so nicht, dein Schreibtisch ist das reinste Chaos. Wie soll ich da deine Urlaubsvertretung machen?
4. Mir ist kalt, schließe bitte das Bürofenster.
5. Ich brauche bei dieser Angelegenheit mehr Unterstützung von dir.
6. Wenn ich bei Meetings, die mein Arbeitsgebiet betreffen, nicht eingeladen bin, fühle ich mich ausgeschlossen und bin frustriert, weil ich meine Arbeit bestmöglich erledigen möchte.

Auflösung siehe Kap. 6.

Quelle: Kolodej & Ertl (2022)

Als vierter Schritt wird eine **Bitte** ohne Forderungscharakter formuliert. *(„… und würdest du bitte …“)*. Mit den ersten drei Phasen wird der Ist- und Soll-Zustand benannt. Die Bitte verbindet diese nun miteinander. Es ist wichtig, dass die Bitte für das Gegenüber nachvollziehbar und realistisch umsetzbar ist. Sie sollte mit einer konkreten Handlung verknüpft und positiv formuliert sein, sowie überprüft werden können. Negativ formulierte Bitten sagen oft wenig aus bzw. sind sie zu ungenau ungenau, um ihre Umsetzung zu ermöglichen: „Bitte vergiss nicht, mir die Projektarbeit zu senden." Besser ist es, die Bitte konkret und positiv zu formulieren: „Ich bitte dich, mir den Projektbericht bis morgen Mittag zu senden." Diese Formulierung stellt eine Handlungsbitte dar, die auf ein spezifisches Verhalten fokussiert. Es könnte jedoch auch eine Beziehungsbitte formuliert werden: „Ich bitte dich, offen mit mir zu sprechen und mir mitzuteilen, bis wann du die Arbeit schaffst."

Übung 6: Bitten im Sinne der Gewaltfreien Kommunikation

Sind die folgenden Bitten konkret, umsetzbar und positiv formuliert? Wenn nicht, wie könnte eine Umformulierung lauten?

1. Ich hätte gerne, dass du mich anrufst, wenn es heute bei dir im Büro später wird.
2. Kannst du es bitte übernehmen, unseren Chef heute Nachmittag zurückzurufen?
3. Ich möchte, dass du dich in unserem Team wohl fühlst.
4. Rede nicht so schnell!
5. Ich möchte, dass du mir sagst, wenn dich etwas stört.
6. Es wäre mir recht, wenn du einmal im Monat den Kaffee zum Morgenmeeting mitbringst.

Auflösung siehe Kap. 6.

Quelle: Kolodej & Ertl (2022)

Diese vier Schritte können als Selbstmitteilung im Sinne einer Verdeutlichung individueller Beobachtungen und der damit verbundenen Gefühle, Bedürfnisse und Bitten artikuliert werden. Gleichzeitig können sie aber auch als Einfühlung verwendet werden, indem die Wahrnehmung, Gefühle, Bedürfnisse und Wünsche des Gegenübers erforscht werden. „Du hast gestern darauf gewartet, die Projektarbeit von mir zu erhalten, und warst verärgert, als du sie nicht bekommen hast. Für dich ist es wichtig, deine Verpflichtungen gegenüber deinem Chef rechtzeitig zu erfüllen, und dafür brauchst du die Zahlen und Daten der Projektarbeit. Deshalb möchtest du von mir den genauen Zeitpunkt, wann ich sie dir senden kann."

Marshall Rosenbergs Ansinnen war herauszufinden, wodurch es manchen Menschen möglich ist, unter schwierigsten Bedingungen durch ihr einfühlsames Wesen mit anderen in Kontakt zu bleiben. Die Gewaltfreie Kommunikation liefert uns dafür die Erklärung.

Gewaltfreie Kommunikation für sich selbst

„Wenn A, dann fühle ich mich B, weil ich C brauche. Deshalb bitte ich
Dich um D."

Gewaltfreie Kommunikation für eine*n andere*n

„Als du A gesehen oder gehört hast, hast du B gefühlt, weil dir C wichtig
ist. Deshalb wünschst du dir D von mir."

Quelle: Kolodej & Ertl (2019)

2.1 Die Gewaltfreie Kommunikation im Beratungsprozess

Durch die Kopplung von Gefühlen an dahinterliegende Bedürfnisse kann besonders in heiklen Gesprächssituationen oder bei Konflikten die Wende zu konstruktiven Gesprächen mit einem wertschätzenden Klima eingeleitet bzw. von Beginn
an konstruktiv kommuniziert werden. Gerade in Konfliktsituationen ist es nicht
ratsam, Gefühle allein zum Ausdruck zu bringen, sondern diese an dahinterliegende Bedürfnisse zu knüpfen. Gefühle werden im GFK-Modell als Vermittler
von Bedürfnissen, die nicht befriedigt werden, gesehen. „Gefühle sind von Nutzen, weil sie uns sagen, dass da Bedürfnisse sind, die nicht befriedigt werden"
(Rosenberg, 2002, S. 4). Der Fokus auf Bedürfnisse ist auch deshalb zentral, weil
dadurch das wechselseitige Verstehen erleichtert wird. „Alle Menschen haben ja
eigentlich die gleichen Bedürfnisse. Es ist mit diesem Wissen viel einfacher, mit
Feindbildern fertig zu werden, sie beiseite zu stellen." (Rosenberg, 2002, S. 2)
    Das GFK-Modell kann zu den lösungsorientierten Ansätzen gezählt werden,
da das Anliegen nicht auf Vergangenheitsbewältigung ausgerichtet ist, sondern auf
die konstruktive Beziehungsgestaltung im Hier und Jetzt. „Wenn ich sie (Anm.
d. Verf. die Konfliktparteien) dazu bringe, dass sie die Bedürfnisse des anderen
sehen und wenigstens für eine kurze Zeit die Feindbilder aus ihren Gedanken
verbannen, dann weiß ich schon aus Erfahrung, dass auch Konflikte, die sonst
unlösbar zu sein scheinen, fast von selbst gelöst werden." (Rosenberg, 2002,
S. 6) Wesentlich ist hierbei, dass alle Parteien eigene Bedürfnisse artikulieren
und die der anderen hören. Das ist oft der schwierigste Teil der Methode, da
anstelle von Bedürfnissen oft Diagnosen, Analysen, Meinungen, Deutungen oder
Beurteilungen geäußert werden. Zudem ist es gerade bei Konfliktsituationen für

die Parteien schwierig, einander zuzuhören. Hier bedarf es der Unterstützung durch die Beratungsperson. „Meine Rolle liegt grundsätzlich darin, die Menschen auf die Stufe zu bringen, dass sie aufeinander hören, dass sie die Bedürfnisse des anderen wahrnehmen." (Rosenberg, 2002, S. 7)

Übung 7: Formulierungen im Sinne der Gewaltfreien Kommunikation

Situation: Ihr Geschäftspartner möchte, dass Sie einen Großkunden übernehmen. Sie sind völlig ausgelastet und haben schon private Probleme aufgrund Ihres hohen Arbeitspensums.
Mögliche Antwort: „Wenn ich daran denke, dass ich deinen Großkunden übernehmen soll, frustriert mich das, weil ich bereits jetzt überlastet bin und kaum Zeit für meine Familie habe. Deshalb bitte ich dich deinen Großkunden weiter zu betreuen."

Beispiel 1
Situation: Es ist abends und Sie sind gerade dabei, Ihren Arbeitsplatz zu verlassen. Ihr Vorgesetzter kommt ins Büro und gibt Ihnen einen neuen Auftrag, der so schnell wie möglich umgesetzt werden soll. Sie sind damit nicht einverstanden, zumal Sie sich für 20 Uhr ein Tennismatch ausgemacht haben und sich schon darauf freuen.

Beispiel 2
Situation: Sie sehen, wie Ihre beste Freundin schon seit einem längeren Zeitraum ihre eigenen Bedürfnisse zugunsten anderer zurückstellt. Mittlerweile fällt Ihnen auch auf, dass sie enorm erschöpft ist und schnell gereizt reagiert.

Beispiel 3
Situation: Ein guter Freund besucht Sie und bittet Sie um Ihren Rasenmäher. Als Sie ihm den Rasenmäher das letzte Mal geborgt haben, hat er ihn lange nicht zurückgegeben, obwohl Sie mehrmals darum gebeten hatten.

Auflösung siehe Kap. 6.

Quelle: Kolodej & Ertl (2022)

Marshall Rosenberg veranschaulicht diverse Unterstützungsmöglichkeiten seiner Methode, indem er z. B. die Parteien in der Ausübung dieser Methode unterrichtet, als Moderator (Übersetzer) fungiert oder in Beisein der Beteiligten in die Rolle einer oder beider Parteien schlüpft und den Prozess stellvertretend veranschaulicht. Dementsprechend zählt es zu den wichtigsten Fähigkeiten der Mediator*innen, das Gehörte in die Sprache der GFK zu übersetzen „Es ist notwendig, dass man die Fähigkeit besitzt, zu übersetzen. Man muss fähig sein, die Sprache, in der die meisten Menschen gebildet wurden, in eine völlig andere Sprachezu übersetzen." (Rosenberg, 2002, S. 3)

> **Übung 8: Analyse einer Situation mittels der Gewaltfreien Kommunikation**
>
> Überlegen Sie sich bitte eine Situation, in der Sie ein unangenehmes Gefühl im Zusammenhang mit einer zwischenmenschlichen Interaktion hatten, und schreiben Sie die Äußerung, die Sie getätigt haben, nieder.
>
> Nun beantworten Sie bitte nachfolgende Fragen zu dieser Situation:
>
> 1. Welches konkrete Verhalten konnten Sie bei der anderen Person, die dieses Gefühl bei Ihnen auslöste, beobachten?
> 2. Was genau haben Sie in dieser Situation gefühlt?
> 3. Welches Bedürfnis wurde in dieser Situation verletzt?
> 4. Welche Bitte haben Sie an Ihr Gegenüber?
>
> Formulieren Sie nun bitte eine Antwort im Sinne der Gewaltfreien Kommunikation.

Quelle: Kolodej & Ertl (2022)

2.2 Gewaltfreie Kommunikation, Praxisbeispiele aus der Beratung

Die Anwendung der GFK im Beratungsprozess wird nun durch drei Beispiele aus der Praxis von Marshall Rosenberg veranschaulicht. Um die vielfältigen Anwendungsmöglichkeiten des Modells zu zeigen, werden bewusst Beispiele mit unterschiedlichen Vorgangsweisen gewählt. Der Schwerpunkt liegt natürlich auf jenen, die von besonderer Relevanz für die Mediation mit Stellvertretung sind. Die Beispiele wurden u. a. aus einem Interview entnommen, das Christa Kolodej im Jahr 2002 mit Marshall Rosenberg geführt hat.

2.2.1 Durch den Schmerz durchhören

Zwei Stämme in Nord-Nigeria befanden sich bereits ein Jahr lang im Krieg. In dieser Zeit wurde ein Viertel der Population getötet. Es bedurfte alleine sechs Monate der Gespräche, bis die Beteiligten bereit waren, miteinander zu reden. In dieser Zeit starben weitere 50 Personen an den kriegerischen Auseinandersetzungen. Marshall Rosenberg wusste zudem, dass Personen an den Gesprächen teilnahmen, die die Kinder anderer Teilnehmender getötet hatten. Am Beginn der gemeinsamen Gespräche fragte Rosenberg beide Stammeshäuptlinge: „Könnten Sie mir sagen, welche Ihrer Bedürfnisse in diesem Konflikt nicht befriedigt worden sind?" (Rosenberg, 2002, S. 2) Gerade im Konflikt ist es für die Parteien besonders schwer und in der genannten Situation natürlich umso mehr, darauf eine Antwort zu geben. Es bedurfte hier der aktiven Unterstützung von Marshall Rosenberg. „Nachdem ich sie gefragt hatte, welche ihrer Bedürfnisse nicht befriedigt wurden, begann einer der Häuptlinge sofort die anderen über den Tisch hinweg anzuschreien: „Ihr Leute, ihr seid Mörder!" Er war ein Angehöriger des christlichen Stammes. Die anderen, die Angehörige des muslimischen Stammes waren, schrien gleich zurück: „Ihr habt seit 80 Jahren versucht, über uns zu herrschen, das werden wir nicht mehr tolerieren."" (Rosenberg, 2002, S. 2) Marshall Rosenberg begann nun behutsam, jedes Statement in ein Bedürfnis zu übersetzen. „Ich übersetze es, als ob ich ein Übersetzer von einer zur anderen Sprache wäre. Wenn der eine Häuptling zu den anderen schrie „Mörder", fragte ich ihn dann: „Häuptling, möchten Sie eigentlich sagen, dass Ihre Bedürfnisse nach Sicherheit nicht befriedigt werden? Würden Sie hoffen, dass alle Konflikte, wie auch immer sie entstanden sind, ohne Gewalt gelöst werden?" Ich habe seine Beurteilung über die anderen als Mörder in sein Bedürfnis nach Sicherheit übersetzt. In diesem Moment war er erstaunt, weil das wie eine andere Sprache klang. Dann sagte er: „Ja, genau das habe ich gesagt." Das hat er natürlich nicht genau gesagt." (Rosenberg, 2002, S. 2) Im darauffolgenden Schritt erfolgte die Nachfrage nach dem Gehörten beim Konfliktpartner. „Könnten Sie mir sagen, was Sie gehört haben, was der andere gerade gesagt hat über seine Bedürfnisse?" (Rosenberg, 2002, S. 2) An dieser Stelle ist besonders wichtig anzumerken, dass die Tatsache, dass die eine Seite ihre Bedürfnisse äußert, noch nicht bedeutet, dass die andere Seite diese im Sinne des Sprechers hört bzw. die Vorstellungen über den Gegner so schnell aufgeben kann. „Der christliche Häuptling sprach über seine Bedürfnisse nach Sicherheit, könnten Sie darüber nachdenken?" (Rosenberg, 2002, S. 2 f.) Erst als es dem muslimischen Häuptling gelang, die Bedürfnisse des christlichen Häuptlings nachzuvollziehen, erfolgte

der Wechsel. Auch hier ging es darum, dass einerseits die Bedürfnisse des muslimischen Häuptlings herausgearbeitet wurden und dass andererseits diese vom
christlichen Häuptling gehört und verstanden werden konnten. „Es war also eine
schwierige Arbeit für mich, bis es mir gelungen ist, diese Person dazu zu bringen, die andere durch ihren Schmerz durchzuhören. Nachdem es mir gelungen
war, machte ich das gleiche für die andere Seite. Ich übersetzte sein Statement
in ein Bedürfnis, dann bat ich jede Seite, das zu wiederholen, was die andere
gesagt hatte." Die tiefgreifende Wirkung der Methode äußerte ein Häuptling am
Ende der gemeinsamen Arbeit wie folgt: „... wenn wir wüssten, auf diese Art
und Weise zu kommunizieren, müssten wir einander nicht töten." (Rosenberg,
2002, S. 3)

Marshall Rosenberg wählt unterschiedliche Wege, die Gewaltfreie Kommunikation anzuwenden. Im beschriebenen Fall nimmt er die Rolle eines Übersetzers ein.
Er nutzt aber auch die Form des Rollenspiels. Die beiden nachfolgenden Beispiele
zeigen, dass Marshall Rosenberg diese Vorgangsweise sowohl im Mehrpersonen-
setting in Anwesenheit der Parteien, als auch im Einzelsetting durchführte. Da
dieser Prozess letztendlich der Mediation mit Stellvertretung sehr nahe kommt,
wird dieser detailliert veranschaulicht. Der Unterschied zwischen dieser Vorgangsweise und der Mediation mit Stellvertretung besteht darin, dass bei der
Mediation mit Stellvertretung, so wie die beiden Autorinnen sie verstehen, die
Parteien mittels der repräsentierenden Wahrnehmung vertreten werden. Zudem
wird die Mediation mit Stellvertretung mit zwei Mediator*innen über die Phasen
der Mediation durchgeführt.

2.2.2 Das Leid hinter dem Geschrei hören

Im Verteilungskonflikt zwischen zwei Brüdern ging es um einen großen Bau-
ernhof. Der Vater wollte in Pension gehen und die Erbschaft regeln. Über Jahre
gelang dies jedoch nicht und so hatten die zwei Brüder bereits acht Jahre lang
nicht mehr miteinander gesprochen. „Ich saß also im Zimmer mit den zwei Brüdern, mit ihren Frauen, der Mutter und dem Vater und mit der Schwester, die
die Familie zusammengebracht hat. Ich sehe, wie unangenehm es ist, die Brüder
können einander nicht einmal anschauen. Ich weiß, wenn der eine spricht, wird
der andere sofort widersprechen. In einem solchen Fall mache ich oft etwas ein
bisschen anders. Ich spiele die Rolle einer der Parteien. Ich spiele die Rolle von
dieser Person, aber ich spiele so, als ob ihnen die Gewaltfreie Kommunikation
schon bekannt wäre. Ich frage den älteren Brüdern, ob ich seine Rolle spielen

darf." (Rosenberg, 2002, S. 12) Der ältere Bruder wollte nicht, dass sein jüngerer Bruder die Hälfte des Hauses bekommt, denn er hatte kaum etwas gemacht und wollte auch jetzt nicht am Hof mitarbeiten. Im Dialog mit dem jüngeren Bruder schrie dieser auf Rosenberg (in der Rolle des älteren Bruders) ein: „Warum soll ich etwas tun? Ich wusste, dass ich hier keinen Platz habe. Du wolltest mich nicht in der Nähe haben." (Rosenberg, 2002, S. 13) Marshall Rosenberg beginnt nun in der Rolle des älteren Bruders emphatisch zu reagieren: „Also, das hat dir sehr wehgetan." und artikuliert das wesentliche Bedürfnis des jüngeren Bruders. „Sein Bedürfnis war, angenommen zu werden. Dass er nicht angenommen wurde, das war sehr schwer für ihn, er konnte dort nicht arbeiten." (Rosenberg, 2002, S. 14) Während er so mit dem jüngeren Bruder in der Rolle des Älteren sprach, sah er plötzlich, dass der ältere Bruder weinte. Durch die Art, wie Rosenberg den älteren Bruder verkörperte, konnte dieser seinen jüngeren Bruder in einem neuen Licht sehen. „Ich habe ihm geholfen, dass er mit seinem Bruder in Verbindung kommt und zwar dadurch, dass ich die Rolle des Bruders übernommen habe." Danach übernahm er die Rolle des jüngeren Bruders. „Ich ließ den älteren Bruder schreien. Ich hörte sein Leid hinter dem Geschrei. So ist es mir gelungen, sie miteinander zu verbinden." (Rosenberg, 2002, S. 13) Letztendlich konnte die Familie den Konflikt noch am selben Abend bei ihrem ersten gemeinsamen Abendessen nach Jahren der Verbitterung lösen.

2.2.3   Eine Verbitterung auflösen

Maria berichtet im Rahmen eines Seminars von einer starken Verbitterung gegenüber ihrem Bruder. Marshall Rosenberg bittet sie um Einwilligung, in die Rolle des Bruders (der nicht anwesend ist) schlüpfen zu dürfen. „Was hältst du davon, wenn ich die Rolle der Person spiele, dem gegenüber du diese Verbitterung empfindest, und dabei die Gewaltfreie Kommunikation anwende? Ich werde die Person darstellen, aber ich werde dabei als jemand sprechen, der im Bewusstsein der Gewaltfreien Kommunikation lebt. Alles was du zu tun hast, ist all das anzusprechen, was du sagen möchtest." Er bittet sie all das zu artikulieren, „was in diesem Moment im Zusammenhang mit deiner Beziehung zu mir (Anm. d. Verf. in der Rolle des Bruders) lebendig ist." (Rosenberg, 2005, S. 8) Die Schwester erzählt, dass sie sich in der Zeit der zunehmenden Gebrechlichkeit der Eltern von ihm nicht unterstützt fühlte und er nach dem Tod der Eltern all ihre Versuche, dies mit ihr zu besprechen, mit dem Argument, „die Vergangenheit ruhen zu lassen", abgeschmettert hat. Marshall Rosenberg kommunizierte die gesamte Zeit des Dialoges ausschließlich in der Rolle des Bruders mittels der Gewaltfreien

Kommunikation: „Du hast mir eine Menge Dinge erzählt, eine Reihe verschiedener Gefühle. Lass es mich überprüfen, um sicher zu sein, dass ich alles vollständig verstanden habe. Ich höre einen großen Ärger, der mit einem Bedürfnis nach mehr Unterstützung verbunden ist, das du vermutlich zu der Zeit hattest, als es unseren Eltern zunehmend schlechter ging. Habe ich das so richtig verstanden?" (Rosenberg, 2005, S. 8 f.) Erst als die Schwester alle ihr wichtigen Themen eingebracht hat und sich vom „Bruder" verstanden fühlt, schwenkt Rosenberg zur „eigenen Rolle" und erläutert die Situation aus „seiner" Sicht. „Jetzt möchte ich dir gerne erzählen, was in mir zu der Zeit vorgegangen ist. (….) Deine Bitten klangen zu dieser Zeit für mich zu sehr wie Forderungen. Ich war hin und her gerissen, weil ich helfen wollte – aber ich war gleichzeitig auch ärgerlich, weil ich eine Forderung hörte. Und ich wusste überhaupt nicht, wie ich mit all diesen verschiedenen Gefühlen, die da in mir arbeiteten, umgehen sollte; außer, dass ich versuchte, das ganze Thema unter den Tisch fallen zu lassen. Ich wüsste gerne, wie du dich fühlst, wenn ich das erzähle?" (Rosenberg, 2005, S. 10) Zug um Zug werden nun auch die Gefühle und Bedürfnisse des „Bruders" durch Marshall Rosenberg artikuliert und die Fragen der Schwester von ihm in der Rolle des Bruders beantwortet. Abschließend sprachen beide (Rosenberg noch immer in der Rolle des Bruders) über konkrete Folgeschritte.

Übung 9: Vom Zwang zur Selbstverantwortung

Überlegen Sie sich bitte eine Situation in Ihrem Leben, wo Sie Dinge tun, die Sie allerdings absolut nicht gerne tun. Welche Gedanken kommen Ihnen in den Sinn, wenn Sie sich die Frage nach dem Warum stellen: „Warum tue ich das überhaupt?" Vermutlich enthalten Ihre Gedanken Wörter wie: „müssen, sollen, nicht anders können …".

1. Schreiben Sie nun in einem ersten Schritt auf, warum Sie diese Dinge tun, beginnend mit: „Ich muss …"

In einem zweiten Schritt geht es darum herauszufinden, welches Bedürfnis Sie damit erfüllen, indem Sie bewusst diese Entscheidung treffen, bestimmte „unliebsame" Dinge zu tun.

2. „Ich entscheide mich … (Tätigkeit) zu tun, weil mir wichtig ist, dass …
   (Bedürfnis).

Im dritten Schritt geht es darum, eventuell Alternativen und Strategien zu finden, wie das Bedürfnis durch andere Handlungen und Taten erfüllt werden könnte.

3. „Zu meinem Bedürfnis … gibt es eventuell folgende alternative Strategien bzw. Bitten: …"

Quelle: Pierre Boisson (o. J.)

Anwendungsbeispiele der Mediation mit Stellvertretung 3

Im nun folgenden Abschnitt möchten wir Ihnen anonymisierte Beispiele aus unserer Praxis vorstellen. Es geht uns weniger darum, den methodischen Ablauf (siehe hierzu 1.) zu veranschaulichen, als den Blick auf das Ganze zu lenken und die vielfältigen Anwendungsmöglichkeiten in ihren jeweiligen Lebenskontexten zu veranschaulichen.

3.1 Das Tempolimit

Yasmine ist seit Jahren erfolgreich im Bereich Restrukturierung als Top-Managerin eines großen internationalen Konzerns tätig. In letzter Zeit denkt sie immer öfter über eine berufliche Neuorientierung nach. Sie löst ihr Dienstverhältnis auf, nimmt sich eine kurze Auszeit und tritt nur wenige Monate später über Empfehlung eines Netzwerkpartners in die Geschäftsführung eines kleinen Dienstleistungsunternehmens ein. Dort hat sie sogar die Möglichkeit, 10% der Anteile des Unternehmens zu erwerben. Neben dem Firmengründer, der den Hauptteil der Firmenanteile hält, ist auch dessen Neffe in der Geschäftsführung tätig. Yasmine ist für den Ausbau des Vertriebs verantwortlich und soll diesen völlig neu gestalten. Sie stürzt sich voller Elan auf ihre neue Aufgabe und erarbeitet in kurzer Zeit mehrere Konzepte, die die bisherigen Organisationsabläufe und die Struktur des Unternehmens weitgehend verändern. Der Neffe des Firmengründers ist sofort Feuer und Flamme für ihre Ideen und sichert ihr seine volle Unterstützung zu. Nach einem halben Jahr bemerkt Yasmine jedoch, dass die Zusammenarbeit mit beiden Geschäftsführern immer schwieriger wird und ihr bei der Umsetzung ihres Programms Hindernisse in den Weg gelegt werden. In den wöchentlichen Geschäftsführungssitzungen werden die Diskussionen lauter und emotionaler. Wenn etwas nicht funktioniert, wird der Fehler bei ihr gesucht.

© Der/die Autor(en), exklusiv lizenziert an Springer Fachmedien Wiesbaden GmbH, ein Teil von Springer Nature 2022
C. Kolodej und S. Ertl, *Mediation mit Stellvertretung und Gewaltfreie Kommunikation*, essentials, https://doi.org/10.1007/978-3-658-37834-9_3

Ihr Vorschlag, diese Sitzungen extern moderieren zu lassen und die mittlerweile aufgestauten Konflikte über eine Mediation gemeinsam zu bearbeiten, wird von beiden Geschäftsführern vehement abgelehnt.

Diese berufliche Pattstellung wird für Yasmine immer unerträglicher. Über die Stellvertretermediation erhoffte sie sich Klarheit darüber, warum ihr der Neffe des Firmengründers ursprünglich seine volle Unterstützung zugesagt hat und sie dann bei der tatsächlichen Umsetzung so sehr behindert. In der Mediation mit Stellvertretung erkennt Yasmine, dass sie durch ihren Tatendrang und Elan ein enormes Tempo vorlegt. Diese Geschwindigkeit ist beiden Geschäftsführer zu hoch. Sie haben Angst, dass hierdurch die Balance zwischen Verändern und Bewahren aus den Fugen geraten würde und finanzielle Verluste die Folge sind. Ihre Auffassungen divergieren grundsätzlich und alle Beteiligten haben es zu lange verabsäumt, miteinander darüber ins Gespräch zu kommen.

Nach der Stellvertretermediation fasst Yasmine den Entschluss, aus dem Unternehmen auszuscheiden. Es ist zu viel Porzellan zerschlagen worden und sie hat das Vertrauen in beide Geschäftsführer verloren. Ein Jahr später treffen wir Yasmine zu einem Bilanzgespräch. Strahlend berichtet sie über ihre neuen Herausforderungen. Mittlerweile hat sie sich selbstständig gemacht und ist in einem Netzwerk eingebunden, das genau ihrem Tempo entspricht.

Übung 10: Gewaltfreie Kommunikation für andere

Geben Sie das Gehörte mittels Anwendung der Gewaltfreien Kommunikation wieder. Achten Sie darauf, den Sachverhalt, die wahrgenommenen Gefühle, Bedürfnisse und Wünsche des Sprechenden zu kommunizieren.

Beispiel: Aussprache zwischen zwei Mitgliedern eines Projektteams
„Ich bin so verärgert, weil du bei jeder Team-Meeting Sitzung immer die positiven Ergebnisse präsentierst. Für mich bleiben immer die unangenehmen Themen, wie z. B. die drohende Budgetüberschreitung und der Zeitplan, der völlig aus dem Ruder läuft. Damit handle ich mir immer Kritik ein und du bekommst die Lorbeeren. Das geht so nicht weiter."

Mögliche Reaktion im Sinne der Gewaltfreien Kommunikation
„Wenn du mit mir am Team-Meeting teilnimmst und dabei die schwierigen Themen präsentierst und ich die angenehmen Ergebnisse vorstelle, dann macht dich das wütend. Du ärgerst dich, weil dir wichtig ist, dass auch deine Leistung für dieses Projekt gesehen und wertgeschätzt wird. Und

du hättest gerne, dass wir über die Aufteilung der Themen reden und gemeinsam einen neuen Modus für zukünftige Sitzungen finden."

Übung A: Prämienverhandlung mit dem Vorgesetzten
„Ich finde es absolut nicht in Ordnung, dass bei uns der Vertrieb hohe Prämien bekommt. Wir, die im Back-Office arbeiten und unglaublich viel Vorarbeit und Nachbereitung für den Vertrieb übernehmen, gehen heuer aufgrund der geplanten Kosteneinsparungen leer aus. Das ist einfach nicht fair und erzeugt noch dazu unnötige Spannungen zwischen den Mitarbeiter*innen des gesamten Betriebes."

Übung B: Erbschaftsstreit zwischen zwei Geschwistern
„Mein Bruder war jahrelang im Ausland und hat sich überhaupt nicht um unseren Onkel gekümmert. Ich war es, die sich um alles gekümmert hat. Nun kommt er wieder zurück, stellt Ansprüche und möchte die Hälfte des Hauses verkaufen. Das kann doch wohl nicht wahr sein. Hier muss es eine Abstimmung geben."

Auflösung siehe Kap. 6.

Quelle: Kolodej & Ertl (2022)

3.2 Das Jubiläum

Alexandras Eltern gründeten ein Unternehmen, das mittlerweile auch international erfolgreich tätig ist. Nach jahrzehntelangem Aufbau der Organisation wird das Familienunternehmen vom Vater an die Tochter, die seit ihrer Matura im Betrieb mitarbeitet, übergeben. Gemeinsam mit ihrem Ehemann leitet Alexandra die Firma in gutem Einvernehmen mit ihrem Vater. Jahre nach der Betriebsübergabe kommt es zwischen Alexandra und ihrem Mann zur Scheidung und der Schwiegersohn scheidet aus dem Familienbetrieb aus. Zwischen Vater und Tochter entstehen immer stärkere Konflikte, die auch durch eine Mediation nicht bereinigt werden können. Zur selben Zeit plant Alexandra aufgrund notwendiger Expansionsmaßnahmen den Neubau des Firmengebäudes.

Die Stellvertretermediation findet zu einem Zeitpunkt statt, als es keinerlei Kontakt mehr zwischen Vater und Tochter gibt. Alexandra hat alle Utensilien, die an den Firmengründer erinnern, entfernen lassen. Der Vater ist zudem gerade im Begriff, mit seinem Ex-Schwiegersohn ein Konkurrenzunternehmen aufzubauen.

Alexandra hat den Bezug zu ihrem Vater durch die andauernden Konflikte völlig verloren. Das geht sogar so weit, dass sie sich in der Stellvertretermediation nicht mehr als Tochter fühlen kann und auch nicht glaubt, dass der Vater sie noch als Tochter sieht. In der Stellvertretermediation wird deutlich, wie stark die Kränkung des Vaters als Firmengründer ist, zumal seine Tochter sogar seinen Schreibtisch hat entfernen lassen. Entscheidend ist zudem, dass der Vater, repräsentiert durch einen Mediator, in voller Klarheit formuliert, dass sie für ihn immer die Tochter bleibt und kein Streit daran rütteln kann. Alexandra ist tief berührt von dieser Aussage.

In Anschluss an die Stellvertretermediation erfolgt ein ausführliches Brainstorming mit einer Vielzahl an Lösungsoptionen. Alexandra entscheidet in einem ersten Schritt, im neuen Firmengebäude einen Raum für den Firmengründer einzurichten und dort seinen alten Schreibtisch wieder aufzustellen. Als die Firma kurz vor einem runden Jubiläum steht, nimmt sie sich ein Herz und bittet ihren Vater in einem Brief um seine Hilfe bei den Vorbereitungen. Der Vater geht auf ihre Bitte ein und sie verfassen eine gemeinsame Rede für das Firmenjubiläum (vgl. Kolodej & Ertl, 2019).

Übung 11: Empathisch Nein sagen

Denken Sie bitte an ein Gespräch, wo es Ihnen schwer gefallen ist, ein „Nein" zu formulieren. Versuche Sie nun mittels Empathie für Ihr Gegenüber und mittels Ausdruck Ihrer Bedürfnisse zu antworten.

Beispiel
Bitte von A: „Ich möchte am Samstag meine Mutter im Waldviertel besuchen. Borgst du mir dein Auto? Meines steht nämlich in der Werkstätte."
Empathie für A durch B: „Du möchtest deine Mutter wiedersehen und weißt noch nicht, wie du ins Waldviertel kommst?"
Ausdruck der Bedürfnisse von B: „Mir ist die Unterstützung meiner Freunde total wichtig. Diesen Samstag habe ich allerdings meiner Freundin einen Ausflug in die Therme versprochen und das Versprechen möchte ich auch einhalten."
Angebot von B an A: „Wenn du deinen Besuch auf Sonntag verschiebst, kann ich dir mein Auto gerne borgen."

Quelle: Kolodej & Ertl 2022

3.3 Der positive Abschluss

Christian ist als ausgebildeter Sozialpädagoge in einem Kinderheim tätig. Schon lange hegt er den Gedanken, sich nebenbei mit einer freien Praxis selbstständig zu machen. Da ihm eine hochwertige Ausbildung wichtig ist, beginnt er neben seinem beruflichen Engagement einen Universitätslehrgang zum Coach und Supervisor. Voller Begeisterung und Freude stürzt er sich in seine neue Ausbildung. Auf die Universität zu gehen, sein Wissen weiter auszubauen, neue Kolleg*innen kennenzulernen und sich auszutauschen, bereitet ihm richtig Spaß. Nur hinsichtlich des Lehrgangsleiters hat Christian von Beginn an kein gutes Gefühl. Wie sehr er sich auch fachlich einbringt, es bleibt bei ihm ein Gefühl zurück, dass der Lehrgangsleiter nie zufrieden ist. Immer öfter bekommt er aufgrund der fehlenden Wertschätzung und der vermeintlichen Kritik heftige Selbstzweifel. Er stellt sich Fragen: „Ist das überhaupt die richtige Ausbildung für mich? Wie soll ich das schaffen? Warum kritisiert er nur mich? Was kann ich tun, damit unsere Beziehung besser wird?" Diese Situation und seine Gedanken beim Lehrgangsleiter direkt anzusprechen, dafür fehlt Christian der Mut.

Christian entscheidet sich für eine Stellvertretermediation, um Klarheit zu bekommen, wie er mit der derzeitigen Situation besser umgehen kann und um für eine mögliche Aussprache besser gerüstet zu sein. In der Stellvertretermediation wird für Christian erkennbar und spürbar, dass er Aussagen und Handlungen der Lehrgangsleitung differenzierter betrachten kann. Er kann erkennen, welche Anteile der Persönlichkeit des Lehrgangsleiters zuzuschreiben sind und wo der Lehrgangsleiter wissenschaftliche Standards einfordert.

Gestärkt durch diesen Perspektivenwechsel bittet er zwei Wochen später seinen Lehrgangsleiter um ein persönliches Feedback. Christian hat sich innerlich darauf vorbereitet, seiner Kritik diesmal standzuhalten, und möchte ihn auch darum bitten, jene Aspekte zu nennen, die dieser für gut befindet. Zu seiner Überraschung erhält Christian sehr positives Feedback und die Rückmeldung, dass er am richtigen Weg ist. Ein Jahr später erreicht uns die Nachricht, dass Christian seinen Lehrgang positiv abschließen konnte.

Übung 12: Konflikterhellung Phase 1, Empathisches Einfühlen

Rolle A: Moderator*in
Rolle B: Mediator*in, der/die in die Stellvertretung geht
Rolle C: Fallbringer*in, wählt sein/ihr Thema

Kurze Darstellung des Themas des Fallbringers bzw. der Fallbringerin. Der Schwerpunkt der Erzählung liegt hierbei auf der Beziehung zu einer nicht anwesenden Konfliktpartei.

Setting

Der/Die Mediator*in, der/die in die Stellvertretung geht, stellt in seinem/ihrem Raum einen zweiten Stuhl auf und wechselt ab der Phase der Konflikterhellung den Stuhl, sodass er/sie dem/der Fallbringer*in gegenüber sitzt. Nun repräsentiert er/sie die nicht anwesende Konfliktpartei.

In der Online-Version wird das Bild des Moderators/der Moderatorin ausgeblendet. Wenn er/sie sich einschalten möchte, um den Prozess zu steuern, wird das Bild kurzfristig eingeblendet. Die Beteiligten stellen die Sprecheransicht ein, sodass sie jeweils nur das Bild des/der anderen sehen.

Anleitung

Erste Phase der Konflikterhellung: Der/Die Fallbringer*in erzählt und der/die Mediator*in geht in die Repräsentanz und gibt das Gesagte mit der Methode der Gewaltfreien Kommunikation wieder. Er/Sie gibt es solange wieder, bis sich der/die Fallbringer*in verstanden fühlt.

Mit Beendigung der Phase entrollt sich der/die Mediator*in, der/die in die Stellvertretung gegangen ist, und wechselt mit dem Stuhl an die linke Seite des moderierenden Mediators/der moderierenden Mediatorin. Es erfolgt eine gemeinsame Reflexion.

Quelle: Kolodej & Ertl (2020)

3.4   Die fremde Identität

Michaela kann als erfahrene Psychologin auf ein langes, erfolgreiches Berufsleben in einem Anstellungsverhältnis zurückblicken. In den letzten Jahren hat sie sich neben ihrer beruflichen Tätigkeit zur systemischen Beraterin und Therapeutin weiterbilden lassen und ist nun dabei, eine eigene Praxis aufzubauen. Dieser geplante Schritt in die Selbstständigkeit stellt einen Wunsch dar, den sie schon sehr lange hegt. Erstaunlicherweise erlebt sie sich jedoch jetzt bei der Realisierung ihres Wunsches als sehr angespannt, unter hohem Druck stehend und von einer tiefen Trauer begleitet.

Michaela vermutet, dass diese Schwere, die plötzlich mit ihrem Entschluss zur Selbstständigkeit auftaucht, mit der Geschichte ihres Vaters in Zusammenhang steht. Sie berichtet, dass ihr Vater nach Kriegsende unter fremder Identität heimkehrte. Der Mann, dessen Identität er in der Kriegsgefangenschaft angenommen hatte, war unheilbar krank und konnte das Kriegsende nicht mehr erleben.

In der Stellvertretermediation zeigt sich, dass Michaela unbewusst die Schuldgefühle des Vaters übernommen hat. Das Wissen, dass ihr Vater den Krieg nur durch die Übernahme der Identität eines anderen, der es nicht schaffte, überlebte, belastet sie enorm. Nun, da sie sich selbstständig machen wollte und eine neue berufliche Identität für sie ein Thema wurde, wurde auf seltsame Weise erkennbar, dass eine unbewusste Loyalität mit dem Vater bestand, die ihr diesen Schritt erschwerte. Maßgebend in der Stellvertretermediation ist dann, dass der Vater, repräsentiert durch einen Mediator, klar und verständlich formuliert, dass es seine Schuldgefühle sind und nicht die seiner Tochter. Michaela müsse diese schwere Last nicht an seiner Stelle tragen, zumal er schon lange nicht mehr lebte und diese selbst nicht mehr trug. Um diese Schwere von ihren Schultern zu nehmen und letztlich wieder dem Vater zurückzugeben, übergibt Michaela ihrem Vater in der Stellvertretung symbolisch einen Gegenstand, den sie bereits das gesamte Gespräch hindurch in ihren Händen hält. Der Mediator, der sich in der Rolle des Vaters befindet, bittet Michaela ihm den Gegenstand zu übergeben und legt ihn sodann selbst am Boden ab. Es ist dem Stellvertreter des Vaters aufgefallen, dass Michaela den eigentlich leichten Gegenstand auf eine Art und Weise hält, als ob dieser sehr schwer sei. Michaela ist emotional von dieser Übergabe zutiefst berührt.

Im Gespräch wird zudem auch deutlich, dass das veränderte Verhalten des Vaters nach dem Krieg, er ist oft geistig abwesend und für die Familie in seiner Persönlichkeit fremd, nicht nur durch die „Identitätsübernahme", wie von Michaela vermutet, zustande gekommen ist, sondern das Resultat seiner generellen Kriegserfahrungen ist.

Einige Monate nach der Beratung erreicht uns ein Schreiben von Michaela, in dem sie uns freudig mitteilt, dass sich bald nach der Stellvertretermediation zunehmend der Eindruck einstellte, „dass sich Dinge anfingen zu klären". Sie habe nach der Mediation mit Stellvertretung auch das Grab ihrer Eltern besucht, nochmals ein Rückgaberitual gemacht und die Eltern um Unterstützung für ihr „Projekt" gebeten. Sie schreibt auch, dass sie mehr Gelassenheit im Umgang mit ihrer Selbstständigkeit entwickelt, sie erlebt sich kraftvoll und ist gespannt auf ihre beruflichen Herausforderungen. (vgl. Kolodej & Ertl, 2019)

3.5   Distanzierte Nähe

Sigrid ist eine erfolgreiche Scheidungsanwältin, die sich neben ihrem herausfordernden Job auch liebevoll um ihre Tante kümmert. Diese benötigt aufgrund ihres Alters und einiger Erkrankungen zunehmend Unterstützung. Sigrid fühlt sich diesbezüglich von ihrem älteren Bruder Helmut schon seit Jahren in Stich gelassen. Wann auch immer Sigrid versucht, diese Situation bei Helmut anzusprechen, dringt sie mit ihrem Anliegen nicht zu ihrem Bruder durch. Sigrid fühlt sich von ihrem Bruder zurückgewiesen, jede diesbezügliche Diskussion wird von Helmut sehr aggressiv im Keim erstickt.

Der Ursprung ihrer Schwierigkeiten liegt bereits über 15 Jahre zurück. Als der Vater damals schwer erkrankt, will dieser die Krankheit vor der Familie geheim halten. Der Vater hat Sorge, dass sich die Information über seine Erkrankung wie ein Lauffeuer verbreiten wird. Nur die Mutter und Sigrid wissen Bescheid. Sigrid, die in dieser Zeit gerade ihr Jus Studium absolviert, zieht ins Haus ihrer Eltern, um diese unterstützen zu können. Sie erlebt hautnah die letzten Tage des Vaters. Zugleich plagt Sigrid ein schlechtes Gewissen, diese schwere Erkrankung des Vaters vor ihrer Familie und besonders vor ihrem Bruder geheim halten zu müssen. Als es ihrem Vater immer schlechter geht, trifft Sigrid die Entscheidung, ihren Bruder Helmut einzuweihen. Helmut reagiert sehr aggressiv auf diese Nachricht, schlägt Sigrid ihre Bitte, alles geheim zu halten, vehement ab. Die beiden Geschwister trennen sich im Streit und die Nachricht von der Erkrankung des Vaters verbreitete sich in der restlichen Familie. Dies führt dazu, dass der Vater sich von Sigrid abwendet und Sigrid aus dem Haus ihrer Eltern auszieht. Jahrelang gibt es danach keine Kommunikation mehr zwischen den Geschwistern. Kurz vor ihrem 50. Geburtstag startet Sigrid den Versuch einer Versöhnung. In einem Restaurant arrangiert sie ein Abendessen mit ihrem Bruder. Sigrid erhofft sich von ihrem Bruder Verständnis für ihre damalige Zwangslage – einerseits dem Vater gegenüber im Wort zu sein und andererseits ihren Bruder über die Erkrankung ihres Vaters in Kenntnis zu setzen. Was die momentane Pflege der Tante betrifft, wünscht sich Sigrid von Helmut endlich eine angemessene Unterstützung. Ihr Plan scheitert kläglich. Nach einem ersten Wortwechsel springt Helmut auf und verlässt ohne Worte das Restaurant.

Die Stellvertretermediation findet zu einem Zeitpunkt statt, als es keinerlei Kommunikation mehr zwischen beiden Geschwistern gibt. Sigrid hat auch keinen Kontakt zu ihren beiden Neffen. Am Beginn der Stellvertretermediation steht eine verhärtete und stagnierende Kommunikation zwischen beiden Geschwistern. Auf der Seite von Sigrid werden tiefe Verletzungen sichtbar, die sie auch benennen kann. Zum ersten Mal seit langem wird Sigrid von Helmut wahrgenommen und gehört. Auch Helmut kann über seine Verletzungen und die schwierige Beziehung zu seinem Vater sprechen. Eine entscheidende Wende im Prozess kommt durch die Äußerung von Helmut, dass er, im Unterschied zu Sigrid, nie das Bedürfnis nach Nähe und enger Geschwisterbeziehung verspürt. Ganz im Gegenteil, mit all den emotionalen Forderungen von Sigrid nach Unterstützung bei der Betreuung der mittlerweile an Demenz erkrankten Tante geht Helmut noch mehr auf Distanz. In der Stellvertretermediation wird mit unterschiedlichen Positionierungen gearbeitet. Auf die Frage, wie z. B. eine angenehme Position, ein angenehmer Abstand zum Bruder aussehen würde, setzt sich Sigrid in großer Entfernung mit dem Rücken zu ihrem Bruder. Für Sigrid ist das eine Bestätigung, dass sie den richtigen Weg eingeschlagen hat und dass sie sich zukünftig mehr um sich selber und ihre Belange kümmern will. Dies löst bei Helmut in der Stellvertretermediation das Bedürfnis nach mehr Nähe aus. Auf die Frage, wie er sich positionieren würde, wenn es um ein anderes Thema als die Pflege der Tante ginge, dreht er seinen Stuhl mit Blick zur Schwester um.

Im Nachgespräch äußert Sigrid, dass sie zum ersten Mal wahrgenommen hat, dass ihr Bruder keine andere Verhaltensweise zur Verfügung hat, als aggressiv auf die Botschaft der Erkrankung des Vaters zu reagieren. Helmut kann zu diesem Zeitpunkt nicht zwischen den Wünschen des Vaters, die ihn zutiefst verletzen, und seiner Schwester als Überbringerin der Nachricht differenzieren. Seine Reaktion ist Ausdruck der Verletzung wegen des aus seiner Sicht doppelten Vertrauensverlustes. Die aktuelle Situation um die Erkrankung und Pflege der Tante lässt nun auch die alten Gefühle der Kränkung und Verletzung beim Bruder wieder spürbar werden.

Sigrid kann durch die Stellvertretermediation erkennen, was die aktuelle Situation bei ihrem Bruder auslöst, und gleichzeitig kann sie ihre eigenen Bedürfnisse klar wahrnehmen. Sie braucht mehr Abstand und will die alten Themen loslassen. Im Nachgespräch berichtet sie, dass sie die Entscheidung getroffen hat, ein Geburtstagsfest für die Tante auszurichten. Sigrid möchte alle Familienmitglieder einladen. Dabei ist es zu einer ersten vorsichtigen Annäherung zwischen den beiden Geschwistern gekommen.

Übung 13: Konflikterhellung Phase 2, Empathische Repräsentanz

Für diese Übung ist es wichtig, dass Übung 11 zum selben Thema vorab bereits gemacht wurde.

Rolle A: Moderator*in
Rolle B: Mediator*in, der/die in die Stellvertretung geht
Rolle C: Fallbringer*in

Setting
Der/Die Mediator*in, der/die in die Stellvertretung geht, stellt in seinem/ihrem Raum einen zweiten Stuhl auf und wechselt den Stuhl. Er/Sie schlüpft somit in die repräsentierende Rolle.
In der Online-Version wird das Bild des Moderators/der Moderatorin ausgeblendet. Wenn er/sie sich einschalten möchte, um den Prozess zu steuern, wird das Bild kurzfristig wieder eingeblendet.
Die Beteiligten stellen die Sprecheransicht ein, sodass sie jeweils nur das Bild des/der anderen sehen.

Anleitung
Der/Die Mediator*in stellt die Frage, ob der/die Fallbringer*in erfahren möchte, wie es ihm/ihr mit dem Gesagten geht.
Nun artikuliert er/sie aus der Repräsentanz mittels der Methode der Gewaltfreien Kommunikation die eigene Perspektive. Der/Die Fallbringer*in kann Fragen stellen, bis ihm/ihr die andere Perspektive nachvollziehbar ist.
Mit Beendigung der Phase entrollt sich der/die Mediator*in, der/die in die Stellvertretung gegangen ist und wechselt den Stuhl an die linke Seite des/der moderierenden Mediator*in. Es erfolgt eine gemeinsame Reflexion.

Quelle: Kolodej & Ertl (2020)

3.6   Verlust und Neubeginn

Andreas arbeitet seit vielen Jahren im Human Resource Bereich. Die Arbeit als Leiter der Personalabteilung eines Unternehmens macht ihm großen Spaß, auch deshalb, weil er mit seinem guten Freund Stephan zusammenarbeiten kann. Stephan beginnt in der Firma als Abteilungsleiter und kann ein paar Jahre später zum Geschäftsführer aufsteigen. Die Zusammenarbeit mit ihm erlebt Andreas als sehr wertvoll.

Vor zwei Jahren kommt es zur Insolvenz des Unternehmens. Dieses wird von einem neuen Eigentümer aufgekauft. Sowohl Andreas als auch Stephan können ihre Funktionen behalten. Allerdings enthält der Restrukturierungsplan des neuen Eigentümers einen unglaublich hohen Anteil an Mitarbeiterkündigungen. Damit beginnt für Andreas eine sehr schwierige Zeit. In seiner Funktion als Personalleiter muss er unzählige Kündigungsgespräche führen. Es ist ihm immer ein großes Anliegen, diese Gespräche so sensibel, klar und wertschätzend wie möglich zu gestalten.

Nach erfolgreichem Abschluss der Restrukturierungsmaßnahmen wird Andreas eines Tages in das Büro des Geschäftsführers gerufen. Sein Freund Stephan überreicht ihm in Beisein des Eigentümers wortlos seine eigene Kündigung. Andreas ist wie vom Blitz getroffen. Er ist jahrelang so eng mit Stephan befreundet, hat mit ihm und für ihn gearbeitet. Andreas hat das Restrukturierungsprogramm umgesetzt, was extrem belastend für ihn selbst war. Andreas lässt sich das nicht gefallen, bringt vor Gericht eine Klage ein, bekommt Recht zugesprochen und wird wieder eingestellt. Allerdings merkt er, dass es ihm unmöglich ist, in diesem Umfeld weiterzuarbeiten. Letztendlich kündigt er.

Mittlerweile sind fünf Jahre vergangen, in denen Andreas keinen Kontakt zu Stephan hatte. Er ist immer noch zutiefst verletzt und enttäuscht. In der Stellvertretermediation beschäftigt Andreas die Frage nach dem Warum und der Art und Weise, wie diese Kündigung erfolgte. Die Situation ist sehr emotional. In der Stellvertretermediation erkennt Andreas, dass Stephan in großer Sorge um seine eigene Position gehandelt hat. Stephan war bereit, die langjährige Freundschaft zu opfern, um im Gegenzug seine eigene Position zu halten. Andreas kann durch das Gespräch in der Stellvertretermediation seine Hassgefühle artikulieren und seinen Groll fast vollständig auflösen. Andreas investiert ab jetzt seine ganze Energie in den Auf- und Ausbau seiner Selbstständigkeit. Die Stellvertretermediation hat ihm ermöglicht, die Situation abzuschließen und seinen Fokus auf die Zukunft zu richten. Als er sich von uns im Bilanzgespräch verabschiedet, sagt er: „Jetzt kann ich wieder glücklich sein."

3.7   Der Juniorpartner

Hans ist ein angesehener Steuerberater mit eigener Kanzlei. Als das Auftragsvolumen stetig zunimmt, plant er die Expansion seiner Kanzlei. Sein Konzept enthält die Aufnahme eines Juniorpartners und die Einstellung einer zweiten Sekretärin. Die Kosten dafür sollen geteilt werden. Hans hat schon eine Vorstellung, wem er das Angebot unterbreiten möchte. Es ist ein junger aufstrebender Mitarbeiter, mit dem er schon im letzten Jahr viele Projekte erfolgreich gemeistert hat. Hans hat vollstes Vertrauen, dass der junge Kollege der Richtige ist und bietet ihm die Stelle an. Dieser seinerseits nimmt das Angebot an.

Nach einigen Monaten der Kooperation kommen Hans jedoch erste Zweifel. Wann auch immer er das Thema des zweiten Sekretariats bei seinem Juniorpartner anspricht, kommen widersprüchliche Signale und vermeintliche Ausflüchte. Sein Kooperationspartner äußert plötzlich, dass er eine zweite Sekretärin nicht brauche und daher auch nicht mitfinanzieren möchte. Er würde sich die Terminvereinbarungen und die Ablage der Dokumente lieber selber machen. Das sei doch im Zeitalter der Digitalisierung alles sowieso sehr einfach. Wenn Hans eine zweite Sekretärin benötige, dann sei das kein Problem für ihn, aber er möchte sich nicht an den Kosten beteiligen. Hans ist über diese Aussage sehr erstaunt, hat er doch seine Pläne immer klar dargelegt. Er ist zunehmend unsicher, ob diese Kooperation wirklich passend ist.

In der Stellvertretermediation erkennt Hans, was es mit dem vermeintlichen Widerstand seines Juniorpartners auf sich hat. Es wird ihm immer klarer, dass sein junger Kollege noch am Anfang seiner beruflichen Laufbahn steht und mit Existenzängsten kämpft. Er hat Sorge, sich finanziell zu übernehmen, und möchte daher hohe Fixkosten zu Beginn vermeiden. Hans ist aufgrund seines finanziellen Backgrounds und seiner langen beruflichen Erfahrung in einer ganz anderen Position und hat daher andere Sicherheiten und Anforderungen.

Zwei Monate später berichtet uns Hans, dass er ein sehr gutes Gespräch mit seinem Juniorpartner hatte. Gemeinsam konnten sie ein Ergebnis in Bezug auf die zukünftige Strategie und die anteilige Kostenübernahme finden. Die neue Lösung respektiert sowohl das Bedürfnis nach Sicherheit und langsamer Entwicklung seines Kollegen als auch den Wunsch von Hans nach Entlastung und Expansion. Hans ist sich nun wieder sicher, dass er doch die richtige Wahl getroffen hat.

> **Übung 14: Gewaltfreie Kommunikation in der Praxis am Beispiel des Juniorpartners**
>
> Wie könnte ein Gespräch zwischen dem Steuerberater Hans und seinem Juniorpartner Sebastian mittels der Gewaltfreien Kommunikation ablaufen? (Siehe 3.7)

Hans: „Sebastian, ich weiß, ich habe in den letzten Wochen schon ein paar Mal versucht mit dir über die geplante Erweiterung unseres Sekretariats zu sprechen. Mein Eindruck ist, dass dir dieses Thema unangenehm ist. Mich macht das ein wenig ratlos und ich weiß nicht, wie ich mich verhalten soll."

Sebastian: „Hans, ich bin mir nicht sicher, ob wir überhaupt ein Sekretariat brauchen. Wir können doch unsere Termine selber verwalten. Wenn du zwei Sekretärinnen benötigst, dann sehr gerne, aber ich kann das im Moment nicht finanzieren."

Hans: „Wenn ich dich richtig verstehe, machst du dir Sorgen bezüglich der Finanzierung des zweiten Sekretariats?"

Sebastian: „Ja, du hast recht. Ich mache mir da wirklich Gedanken. Das sind Fixkosten, die bei schlechter Auftragslage nicht so einfach abbaubar sind. Und wie du weißt, planen meine Freundin und ich im Herbst unsere Hochzeit. Wir wollen auch in eine größere Wohnung ziehen. Das ist alles so viel auf einmal und ich habe Angst, dass ich es finanziell nicht schaffe."

Hans: „Als ich vom zweiten Sekretariat gesprochen habe, hast du dir Sorgen gemacht, weil dir wichtig ist, dass du dich finanziell nicht übernimmst und dass du daher das Bedürfnis hast, unsere Fixkosten niedrig zu halten. Für mich ist es schon wichtig, ein zweites Sekretariat zu etablieren, da es mich überfordert, die Sekretariatsarbeit selbst zu machen. Ich bin irritiert und zunehmend verärgert, dass wir in dieser Frage nicht weiterkommen."

Sebastian: „Ja, ich kann sehen, dass es dir zu viel ist, die Sekretariatsarbeit selbst zu machen. Du hast ja ganz andere Voraussetzungen als ich und einen viel größeren Kundenstamm. Ich bin ganz am Anfang und baue meinen Kundenstamm erst auf. Ich verstehe auch, dass du über mein Zögern irritiert und verärgert bist. Ich bin froh, dass wir jetzt darüber sprechen. Es tut mir leid, dass ich diesen Punkt nicht früher klar kommuniziert habe und dass ich dafür noch etwas Zeit brauche. Mir war das selbst nicht gleich bewusst."

Hans: „Ja, mich hat die Unklarheit belastet und ich konnte mir dein Zögern einfach nicht erklären. Ich verstehe jetzt deine Position und ich denke, dass auch du verstehen kannst, dass es mir wichtig ist, so schnell wie möglich ein zweites Sekretariat aufzubauen, damit ich eine Entlastung erfahre. Ich bin wirklich am Ende meiner Kapazitäten."

Sebastian: „Ich sehe, wie viel du arbeitest und dass du das Sekretariat brauchst. Vielleicht können wir ja eine Lösung finden, die für uns beide stimmig ist."

Hans: „Woran denkst du dabei?"

Sebastian: „Was hältst du davon, wenn ich die administrativen Arbeiten für meine Kund*innen selbst übernehme und du für deine Arbeiten auf das bestehende Sekretariat zugreifst? Wir könnten noch einen Studenten oder eine Studentin einstellen, um den Telefondienst abzudecken. Diese Kosten wären für mich möglich und das Sekretariat wäre zusätzlich entlastet. Wenn sich mein Kundenstamm gefestigt hat, könnten wir über eine Erweiterung hin zu einem zweiten Sekretariat sprechen."

Hans: „Ja, das wäre ein gangbarer Weg. Für mich ist es wichtig, dass wir hier eine genaue Vereinbarung treffen, wie wir das Sekretariat in unsere jeweilige Arbeit einbinden. Könntest du dir vorstellen, einen Vorschlag zu erarbeiten?"

Sebastian: „Ja, ich überlege mir einen Vorschlag. Wir können uns nächste Woche am Mittwoch zusammensetzen und ihn besprechen."

Quelle: Kolodej & Ertl (2022)

Zusammenfassung 4

Ungelöste Konflikte können eine große Belastung für die Betroffenen darstellen. Sehr oft wünschen sich Konfliktbeteiligte eine direkte und gemeinsame Regelung. Diese Möglichkeit ist allerdings nicht in allen Fällen gegeben, weil z. B. andere Konfliktbeteiligte eine gemeinsame Mediation ablehnen oder nicht mehr verfügbar sind.

Die Stellvertretermediation stellt eine hervorragende Methode für die Konfliktpartei dar, die Unterstützung und Beratung wünscht, und dies sowohl für berufliche als auch für private Themen. Im beruflichen Kontext ist neben der bewährten Konfliktbearbeitung auch z. B. die Vorbereitung für gewichtige Verhandlungen und Vorstellungsgespräche möglich.

Methodisch erfolgt eine Verbindung der klassischen Phasen der Mediation basierend auf dem Harvard Konzept mit dem Modell der Gewaltfreien Kommunikation und dem Phänomen der repräsentierenden Wahrnehmung. Durch diese Kombination der Methoden und durch die Repräsentanz der fehlenden Konfliktpartei durch eine*n Mediator*in entsteht ein neuer Zugang zur anderen, nicht anwesenden Konfliktpartei.

Das vorliegende *essentials* beschreibt sowohl das Konzept der Mediation mit Stellvertretung als auch die Methode der Gewaltfreien Kommunikation als wesentliches Fundament der Stellvertretermediation. Die Methode der Mediation mit Stellvertretung ermöglicht es, Situationen besser zu verstehen, Bedürfnisse der Parteien erkennen zu können und individuelle nächste Schritte planen oder Lösungen finden zu können. Neben dem theoretischen Input und praktischen Übungsanleitungen veranschaulicht das Buch die Mediation mit Stellvertretung durch eine Vielzahl von anonymisierten Fall-Vignetten aus der Praxis. Die Breite des Anwendungsspektrums der Stellvertretermediation ermöglicht der Leserin/dem Leser, ein Gefühl für diese Methode zu entwickeln, um dieses Konzept auszuprobieren, selbst anzuwenden und in den Beratungsprozess zu integrieren.

© Der/die Autor(en), exklusiv lizenziert an Springer Fachmedien Wiesbaden GmbH, ein Teil von Springer Nature 2022
C. Kolodej und S. Ertl, *Mediation mit Stellvertretung und Gewaltfreie Kommunikation*, essentials, https://doi.org/10.1007/978-3-658-37834-9_4

Übungsverzeichnis 5

© Der/die Autor(en), exklusiv lizenziert an Springer Fachmedien Wiesbaden   41
GmbH, ein Teil von Springer Nature 2022
C. Kolodej und S. Ertl, *Mediation mit Stellvertretung und Gewaltfreie
Kommunikation*, essentials, https://doi.org/10.1007/978-3-658-37834-9_5

Lösungsmöglichkeiten zu den Übungen

6

Zu Übung 2: Beobachtung oder Bewertung?
Die Aussagen 1, 3, 4, 6 und 7 stellen bewertungsfreie Beobachtungen dar.

Mögliche Antworten zu Übung 3: Gefühle oder Interpretationen?

1. Ich bin traurig, weil mir Zuneigung und Liebe wichtig sind.
2. Ich bin sehr verärgert. (Ein Gefühl wird ausgedrückt.)
3. Ich bin gerührt über deine Worte.
4. Es macht mich traurig, wenn du das sagst.
5. Ich bin wütend, weil mir gute Zusammenarbeit wichtig ist und ich vorher gerne gefragt werden möchte.
6. Ich freue mich über diesen positiven Bescheid. (Ein Gefühl wird ausgedrückt.)

Mögliche Antworten zu Übung 5: Bedürfnisse erkennen

1. Mir ist Meeting-Effizienz und Höflichkeit gegenüber den Teilnehmer*innen wichtig. Ich möchte daher mit dem Meeting pünktlich beginnen.
2. Mir ist Klarheit wichtig, könntest du mir deine Urlaubsplanung mitteilen? (Ein Bedürfnis wird ausgedrückt.)
3. Als deine Urlaubsvertretung brauche ich Ordnung und Struktur, damit ich mich bei deiner Ablage auskenne und sie gut für dich erledigen kann. Bitte beschrifte die Ordner so, dass ich sie finden kann.

© Der/die Autor(en), exklusiv lizenziert an Springer Fachmedien Wiesbaden GmbH, ein Teil von Springer Nature 2022
C. Kolodej und S. Ertl, *Mediation mit Stellvertretung und Gewaltfreie Kommunikation,* essentials, https://doi.org/10.1007/978-3-658-37834-9_6

4. Mir ist Rücksichtnahme wichtig, weil mir kalt ist und ich mich nicht
   verkühlen möchte. Deshalb möchte ich dich bitten, das Fenster zu
   schließen.

5. Ich brauche bei dieser Angelegenheit mehr Unterstützung von dir. (Ein
   Bedürfnis wird ausgedrückt.)

6. Wenn ich bei Meetings, die mein Arbeitsgebiet betreffen, nicht eingeladen bin, fühle ich mich ausgeschlossen und bin frustriert, weil ich meine
   Arbeit bestmöglich erledigen möchte. (Ein Bedürfnis wird ausgedrückt.)

**Mögliche Antworten zu Übung 6: Bitten im Sinne der Gewaltfreien Kommu-
nikation**

1. Ich hätte gerne, dass du mich anrufst, wenn es heute bei dir im Büro
   später als 20 Uhr wird.

2. Wärst du bereit, unseren Chef um 16 Uhr zurückzurufen und ihn zu
   fragen, ob er heute noch Aufträge für uns hat?

3. Wärst du bereit mir zu sagen, was dir in der Teamarbeit wichtig ist,
   damit ich dazu beitragen kann, dass du dich wohlfühlst.

4. Mir ist wichtig, dass ich deinen Gedanken folgen kann. Wäre es dir
   möglich, deine Ausführungen etwas langsamer zu kommunizieren und
   auf meine Zwischenfragen einzugehen?

5. Gute Kooperation ist für mich wesentlich. Würdest du mir bitte sagen,
   wenn dich etwas an unserer Zusammenarbeit stört, das ich anders
   machen könnte?

6. Wärst du bereit, jeden ersten Freitag im Monat für uns beide den Kaffee
   zum Morgenmeeting mitzubringen?

**Mögliche Antworten zu Übung 7: Formulierungen im Sinne der Gewaltfreien
Kommunikation**

Beispiel 1

„Wenn ich höre, dass ich heute noch diesen Auftrag erledigen soll, der
mich sicherlich bis 22 Uhr beschäftigt, fühle ich mich gestresst, weil es
mir wichtig ist, meinen heutigen Sporttermin um 20 Uhr einzuhalten. Wäre
es für Sie in Ordnung, wenn ich morgen früher ins Büro komme und mich
gleich diesem Auftrag widme?"

Beispiel 2

„Du hast jetzt über Wochen beim Hausbau deines Freundes geholfen und keine einzige Minute für dich gehabt. Du wirkst auf mich erschöpft. Ich habe den Eindruck, dass du deine eigenen Bedürfnisse zugunsten anderer ignorierst. Das erfüllt mich mit großer Sorge, weil es mir wichtig ist, dass du auf dich, deine Gesundheit und deine Bedürfnisse achtest. Deshalb würde ich mir wünschen, dass du auch für dich gut sorgst."

Beispiel 3

„Wenn du mich um meinen Rasenmäher bittest, erinnere ich mich daran, dass du ihn die letzten Male nicht rechtzeitig zurückgegeben hast. Das enttäuscht mich, weil es mir wichtig ist, dass ich mich darauf verlassen kann, meine Geräte unaufgefordert wieder zurück zu bekommen, damit ich sie selber wieder benutzen kann. Ich borge dir meinen Rasenmäher gerne und bitte dich darum, dass du ihn mir Ende nächster Woche zurückbringst."

Mögliche Antworten zu Übung 10: Gewaltfreie Kommunikation für andere

Beispiel 1

„Wenn du hörst, dass der Vertrieb Prämien ausbezahlt bekommt und beim Back-Office hingegen Einsparungen getroffen werden, dann bist du verärgert und irritiert. Du empfindest das als nicht in Ordnung, weil dir Gerechtigkeit und Ausgleich wichtig sind. Dir ist wesentlich, dass die Leistung des Back-Office für den Vertrieb gesehen und geschätzt wird und dass das Betriebsklima nicht belastet wird. Deshalb möchtest du auf diese ungleiche Situation aufmerksam machen und auch für das Back-Office Prämien bewirken."

Beispiel 2

„Wenn du daran denkst, dass dich dein Bruder mit der Obsorge eures Onkels jahrelang alleine gelassen hat und er nun nach seiner Rückkehr die Hälfte des Hauses verkaufen will, dann macht dich das wütend. Du bist empört über seine Vorgangsweise, weil dir die Anerkennung deiner Unterstützungsleistung für die Familie wichtig ist. Du möchtest ihm das offen sagen und die weitere Vorgangsweise klären."

Was Sie aus diesem *essential* mitnehmen können

- Einblicke in die Methode und die Phasen der Mediation mit Stellvertretung
- Umsetzung der Mediation mit Stellvertretung im Beratungskontext
- Umsetzung der Mediation mit Stellvertretung im Trainingskontext
- Mediation mit Stellvertretung in der Online Beratung
- Kenntnis über die Phasen der Gewaltfreien Kommunikation
- Umsetzung der Gewaltfreien Kommunikation für sich selbst und für andere
- Übungen und Beispiele für die Gewaltfreie Kommunikation
- Welche Bedürfnisse hinter Gefühlen stehen können
- Welche Anwendungsmöglichkeiten es für die Gewaltfreie Kommunikation gibt
- Fall-Vignetten zur Mediation mit Stellvertretung

© Der/die Herausgeber bzw. der/die Autor(en), exklusiv lizenziert an Springer 47
Fachmedien Wiesbaden GmbH, ein Teil von Springer Nature 2022
C. Kolodej und S. Ertl, *Mediation mit Stellvertretung und Gewaltfreie
Kommunikation*, essentials, https://doi.org/10.1007/978-3-658-37834-9

Literatur

Boisson, P. (o. J.). *Gewaltfreie Kommunikation, Übungen rund um die Gewaltfreie Kommunikation* (S. 9–11). https://phoodle.phwien.ac.at/pluginfile.php/308413/mod_resource/content/1/Gewaltfreie-Kommunikation-%C3%9Cbungen-PDF.pdf. Zugegriffen: 27. Febr. 2022.

Kolodej, C. (2008). Theorie und Praxis der gewaltfreien Kommunikation im Konfliktmanagement. Im Gespräch mit Marshall Rosenberg. *Zeitschrift für Konfliktmanagement, Centrale für Mediation, S. 6*, 168–171.

Kolodej, C. (2019). *Strukturaufstellungen für Konflikte, Mobbing und Mediation. Vom sichtbaren Unsichtbaren* (2. erw. Aufl.). Springer Gabler.

Kolodej, C., & Ertl, S. (2019). Stellvertretermediation, ein Konzept der Mediation im Kontext des Einzelsettings. *Zeitschrift für Konfliktmanagement, Centrale für Mediation, S. 3*, 97–100.

Rüther, C. (2015). *Kursunterlage: Aktives Konfliktmanagement, GFK nach Marshall Rosenberg*. WIFI.

Rosenberg, M. B. (2002). Unveröffentlichtes Interview.

Rosenberg, M. B. (2005). *Den Schmerz überwinden, der zwischen uns steht*. Junfermann.

Rosenberg, M. B. (2016a). *Gewaltfreie Kommunikation: Aufrichtig und einfühlsam miteinander sprechen*. Junfermann.

Rosenberg, M. B. (2016b). *Gewaltfreie Kommunikation: Eine Sprache des Lebens*. Junfermann.

Sander, K., & Hatlapa, C. (2006). *Mediation mit Stellvertretung. Schriftenreihe des Bundesverbandes Mediation* (Bd. 3 „Frischer Wind für Mediation", S. 86–93).

Sander, K., & Hatlapa, C. (2010). Mediation mit Stellvertreter. *Mediation aktuell, S.1*, 20–21. https://www.gewaltfrei-steyerberg.de/wp-content/uploads/2018/12/Foerderpreis Stellvertr.pdf (abgerufen am 18. 5. 2022).

Sparrer, I. (2001). *Wunder, Lösung und System: Lösungsfokussierte Systemische Strukturaufstellungen für Therapie und Organisationsberatung*. Carl-Auer-Systeme und Verlagsbuchhandlung GmbH.

Sparrer, I. (2014). *Einführung in Lösungsfokussierung und Systemische Strukturaufstellungen* (3. Aufl.). Carl-Auer-Systeme und Verlagsbuchhandlung GmbH.

Sparrer, I., & Varga von Kibéd, M. (2009). *Ganz im Gegenteil. Querdenken als Quelle der Veränderung – Tetralemmaarbeit und andere Grundformen Systemischer Strukturaufstellungen*. Carl-Auer-Systeme.

Stoldt, M. (2012). Mediation mit Stellvertretung – Stellvertretermediation. In E. Ruhnau (Hrsg.), *Systemische Aufstellungen in der Mediation – Beziehungen sichtbar machen* (Buchreihe: Mediation in der Praxis, 1. Aufl., S. 67 ff.). Concadora Verlag.

© Der/die Herausgeber bzw. der/die Autor(en), exklusiv lizenziert an Springer Fachmedien Wiesbaden GmbH, ein Teil von Springer Nature 2022
C. Kolodej und S. Ertl, *Mediation mit Stellvertretung und Gewaltfreie Kommunikation*, essentials, https://doi.org/10.1007/978-3-658-37834-9

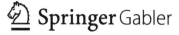
Springer Gabler

springer-gabler.de

Christa Kolodej

Strukturaufstellungen für Konflikte, Mobbing und Mediation

Vom sichtbaren Unsichtbaren

2. Auflage

Springer Gabler

Jetzt bestellen:

link.springer.com/978-3-658-26330-0

Printed in the United States
by Baker & Taylor Publisher Services